なぜ、京都なのか

왜 교토인가

Why Kyoto

作家の言葉

なぜ、京都なのか

京都の千年を越える歴史とその面影の残る空間を思うとき、京都を一言で定義することは不可能だ。千歳まで生きたわけでもない以上、それは象の足と鼻の一部を触ってみるのと同じことだ。それにもかかわらず、韓国と地理的にも、心的にもとても近くにあるこの都市の実存と意味との価値を、今私は考えてみる。

ビザの取得も難しかった学生時代、「国際青少年会議」で東京に行き、官房長官をはじめとする当時の日本政府関係者との交流の後、大阪にいる父の知人の幼いお嬢さんと電車で京都に行ったことがある。京都の歴史や文化の知識がなかったころ、その市街地の長い道を歩いたことが京都に対する私の最初の記憶だ。

その後長くアメリカに住み、歌人であった母の出版記念会や国際会議、講演等で日本を訪れるときは主に東京だった。

二〇〇五年、日本の文部科学省の主管で母を記念する日韓文学セミナーが京都であり、短い出会いだったにもかかわらず、大きな感銘を受けた。最初の京都訪問から三五年が過ぎはしたが、母の死を契機に大人になったせいか、周囲の事物が深みをもって感じられた。

その後も会議や講演等の機会があるごとに京都を訪れ、私を引き寄せるのは何なのかを考えながら京都と向き合った。何度も訪問したが、いつも三、四日の短い時間だった。そこで出くわした西洋人たちは別世界のようだ、童話の中のようだと惚れこんでいたが、同じ東洋圏から来た私には、かつて住んだことのある遠い世界のような、胸の奥の遥かな故郷のような感じだった。

短い滞在時間の中でも、御所とその向かいの同志社大をよく散歩した。春の花のもと、話しかけてきたある人に、こんなに美しいところで勉強できたらどんなにいいでしょうと話したら、入学申請書の受付所まで案内してくれた。それは偶然、はたまた奇縁だったのか、韓国とアメリカを文化背景とする私が、恐れることなく日本文化に飛び込むきっかけとなった。それが、二〇一五年から二〇一六年、京都の同志社大学での勉強だ。

七十年前に同志社に通った尹東柱の詩に出てくるような、ほんとうに狭い六畳一間、少しは知っているつもりだった日本は全くの外国だった。拙い日本語でする勉強は手に余るばかりだった。いつも家に帰りたく、ほんとうに淋しくつらい日々だった。しかし、私がこれまで通ったどの学校でよりも夜を徹して勉強に邁進し、難解な二十科目の単位を取得してみると、これは必然だったと思えた。

あのとき、あそこで学び、悟り、知ったことを私ひとりのものとするのではなく、日本に行ったことはあっても、日本を漠然としか知らない方たちに伝える使命が私にはあると思った。

千百余年の間日本の首都だった京都。そこは、すべての日本人の心の故郷であり、日本の美の核心であり、ソフトパワーの威力を全世界に堂々と示している。その妙な魅力は一度訪れた者を必ず再訪させるほどだ。

周知のように、六六〇年に百済が新羅と唐の連合軍によって滅ぼされると、百済から日本へ人が渡り、飛鳥、奈良を経て京都に定着して都市を形成し、ついには国をなすにいたる。文字と学問、紙と印刷技術、庭園と土木技術、仏教と仏教建築等、朝鮮半島からたくさんの文化と文物が伝わり、移住した百済の王族、貴族、知性人たちは、その心を精神文化の花である一行詩の短歌に表現するようになる。

そのときの短歌を集めた日本初の文学である「万葉集」研究の大家から聞いたそんな話を胸に秘め、そうした事実を知らない人たちに機会があるたびに伝えた。京都に二千もあるという寺のうち名刹といわれる寺を訪れるたび、関係者に建てられた年を聞くと、千二百年前です、千年前です、八百年前ですというので、内心ほくそ笑みながら、そうであればこれは百済から来た職人と渡来人が建てたものですと言うと、彼らはそんな事実は初めて聞くという。ああ、この人たちはそうした歴史を学んだことがないのだと思い、熱心にその背景を説明した。

紅葉の季節のある夜。豊臣秀吉の菩提のある高台寺の建物と、名勝よりも名勝らしい真っ赤な紅葉を映す池の絶景に感嘆するフランス人夫婦に、あなたたちが感嘆している京都の文化はコリアが千年前に伝えたものだと話し、三年坂をのぼったところで並んで石の階段に座っていたイギリスの若い女性が、感極まって夢のようだといったときも、長い年月を経たこの両脇の家と、ここからもう少しのぼれば見える絶壁の上に建てられ、あなたが再び感動するはずの釘を一つも使わない建築である清水寺も、古代の百済人が建てたものだと教えてあげた。先進国からきた人々が感嘆するのを見て、そう話さずにはいられなかった。

三、四日間の滞在だけで京都を訪れていたなら、私はその説教を今もしていただろう。千年を悠々と流れてきた歴史に囲まれ、私ができることはそれだけだった。

しかし、よくよく眺めてみると、それが全てではないことがわかるようになった。百済だけでなく、早くに朝鮮半島から渡っていった私たちの先祖とその子孫が建て、作り、教えたことは事実だが、その歴史と伝統を受け継ぎ、研究し、新しいもののために壊すこともせず、粘り強く維持し、日本固有の文化として昇華させてきた、その大いなる成就と努力の前には頭を下げるほかはなく、それ以上先祖の話は切り出さないことにした。

しかし同時に、玄界灘を越えてこのような偉大な文化を成したのが、私たちの血を分けた祖先であり、そのDNAが私たちの中にあるのだという悟りに戦慄し、私は大きな自負心を持つようになった。

早くからヨーロッパ文化に接しながら、われらがご先祖様は一体何をしていたのかと肩身の狭い思いをしたこともある。しかし、そうした文化を成したヨーロッパ人たちが京都の古代建築と庭園と芸術に感動し、私たちが伝えた短詩に魅せられ短詩ブームを呼び起こしているのをみると、千年前の私たちの先祖が今更ながら誇らしい。

そうだ。私たちはそういう祖先をもったのだ。自信と自負心を持ち、嘆くばかりでなく今からでもその遺伝子を引き出し努力して、よりよい世の中を作り私たちの後裔に伝えていかなければならない。

京都を歩くと、韓国語がたくさん聞こえてくる。わーきれいと言うのはもちろんだが、日本がこんなにもきれいで親切で正直で、徹底的に几帳面に相手を配慮する国だとは知らなかったという。韓国で聞いた話とは違う。

両国の関係は二千年を超えて善隣だった。苦難の時代は文禄・慶長の役と近代になってからの三六年間の帝国主義日本による植民地時代だった。ある人は日本は大国なのだから謝罪して徳を示さねばならないという。謝る謝らないは日本の役割だ。私たちは私たちのすべきことをすればよい。京都の長い歴史を思うと、私は私たちが兄であり大国であるという思いを拭うことができない。兄としての広い心で抱擁し、共なる祖先をもつ隣国として、互いに手を取り合って未来に進まなければならない。

より多くの韓国人に京都を見てほしいと思う。失ったかつての故郷を感じるはずであり、千年前、その都市と文化を作ることに献身した百済、高句麗、新羅、高麗、伽耶のわれらが先祖たちの霊と魂を感じるはずである。それによって改めて今後の日韓関係を考えることになるだろう。

「なぜ京都なのか?」という大げさなタイトルを付けたが、同志社大学での授業、そこに詩碑の建つ尹東柱と鄭芝溶のスピリット、私が出会った素晴らしい春の花と別世界のような紅葉の世界、できれば隠しておきたい京都の名所、感動を与えてくれた人、それに東京、青森、秋田、白川郷、気仙沼を加え、詩人のアングルから見た穏やかな物語を紡ぐ。

これからは日本をもう少し知って、過去二千年のより高次元の善隣関係を回復することを願ってやまない。

東亜の果てに生きる吾　ただひたすらに平和祈りつ

孫戸妍

P・S・「詩で書くエッセイ」の全編を私はつねに一つの長編詩と考えて韻律を合わせます。歴史上の詩人たちの詩が登場しますが、作家名がないものは私のものです。

二〇一八年三月

孫戸妍　李承信　母娘詩人の家

ソウル　弼雲洞

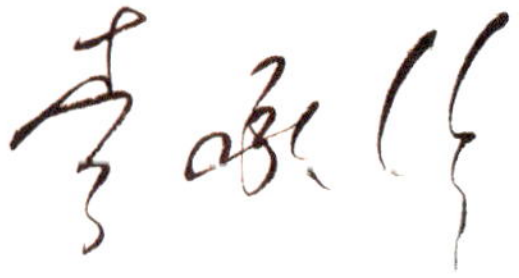

目次

私はなぜ

私はなぜ、京都に行ったのか

私が二十余年のアメリカ生活を後にしてソウルに帰国して二十年が過ぎました。韓国放送のバーバラ・ウォルターズ Barbara Waltersになってほしいという政府の熱心な誘いを断りきれず帰国することになり、私が企画した時事報道番組がKBSをはじめ多くの放送局から放映されました。思いもよらないよい出来事や、もうお手上げといった困難もたくさんありましたが、記憶に残っているのは日常のとても些細なことばかりです。

帰国後、向こうから誰かが私に向って歩いてくれば、アメリカでそうしていたように微笑みかけるようにしていました。相手は表情には出さずに「知り合いだったっけ」とでも言いたげに振り返ります。世の中を少しでも明るくしようと、意地になって微笑み続けましたが、十年余りが過ぎると、知り合い以外には無愛想な環境に私も根負けし、微笑みが消えかけていました。

同志社大學弘風館の前のプラタナス

会う人は皆女性である私にまず歳を尋ねます。しかも一日に何度も。今でもそうですが、なぜそんなことが話題になるのでしょう。一行の詩よりもさらに短いこの人生に焦点を合わせれば、交わすべき対話がどれほどたくさんあるかしれないのに。

こうした例をあげればきりがありません。私がより良い方向へと導かねばならないのに、知らぬうちに私も染まってきたのかもしれません。

仕事と日常に体と心が疲れてきました。田舎や隣国をよく訪ねました。そうして二十余年が過ぎてみると、私のようにアメリカから来た人たちがまた戻ろうとし、私にも戦争のない平安な国に早く戻りなさいと言われたことが思い出されます。似通ってゆく感性を充填し、傷ついた感情を解きほぐすには、今私も前進しなければならないと思いました。

普通ならそろそろ故郷を思う頃ではありますが、韓国には私が作り出した仕事も増え、かつて住んだワシントンに一五時間以上もかけて往復しようと思えば、それも一仕事です。

過去一〇余年間によく訪れた日本のことを考えました。スピーチや詩の朗誦会、講演等のために行きましたが、長期滞在したことはありませんでした。アメリカ通である私ですが、メディアに出た私の日韓関連の文章等により、日本通として誤って知られてもいます。

いっそ日本と日本の社会を奥深くのぞき込むのはどうだろうか。顔つきも似通い、重なる祖先を持ちながら、なぜこうもギスギスし続けるのか。日本語でスピーチするときも、日本語で二冊の詩集を出すときも、この「李承信のカルチャーエッセイ」を日本のファンに送るときも、翻訳は他の方に頼み、私が監修してきましたが、日本で一日も勉強したことがないことが、いつも心にひっかかっていました。

まして、文学という芸術の核心で日韓関係を昇華させようと生涯努力してきた母や私にとって、最悪の状況となって久しい隣国との関係が、心痛む出来事でないはずがありません。

日本の宝であり千年の都である京都に行くと、天皇陛下の邸宅であった御所のすぐ横にある最高の私立名門大学である同志社大学に寄り、百五十年の歴史をもつキャンパスをよく散歩しました。昨年の春、このクリスチャン大学に初めて建てられた建物である美しい赤煉瓦のチャペルをながめていると、見知らぬ日本人の教授が目の前の梅の花を指さし、「美しいでしょう」と言うので、「こんなところで勉強できたらどれほどいいでしょう」と答えました。教授は私をどこかへ連れて行き、気がつくと一抱えもある申請書類を抱えていました。

それから一年後、合格通知が舞い込み、何が正しいのかわからないソウルを体一つで抜け出し、昨日、今日と試験を受け、チャペルのすぐそばにある韓国の国民詩人尹東柱と鄭芝溶の詩碑の前に、今こうして立っています。七十年以上前の日本植民地時代にこの大学に通った二人の偉大な詩人の魂を受け継ぐという意味では大いなる喜びですが、しっかりとついて行けるかどうか緊張もしています。

詩碑のそばには韓国の無窮花が植えられており、私の頭のずっと上の方ではちょうど億万個の桜のつぼみが、巨大な宇宙の傘のように丸く広がり私に向って花の爆竹のように綻びています。

大胆にもやって来て、今になってちょっと怖気づいていますが、柳寛順の後輩らしく、毅然としてやり遂げることができるよう祈るばかりです。

感動のない日韓の首脳を傍観しているだけで、変われ変われと言うのではなく、実際にこうして来て体でぶつかって見れば、隣国との関係にも何か端緒が見つかるかもしれません。また、若くない歳での勉強なだけに、この歳で充填と自身の深い内面に向き合う機会を得ることは人生でも稀なことに違いありません。

三、四日の滞在と長期の滞在ではやはり違うものですね。どうかたくさんの励ましとご声援のほどを。

家の前を流れる鴨川
その川面に映る白い半月
浮かび上がる置いてきたお前
長い冬待ち続けた
花が咲くのに
わたしは出会った

チャペルでの祈り

在学中最も多く訪れた鴨川

わたしが出会った寒梅

京都の同志社大学に来るまでは「新島襄」という人物を私は知らなかった。

同志社大学は設立者である新島襄(一八四三〜一八九〇)がクリスチャン精神にもとづき建てた学校であり、千年の古都京都の御所のすぐ前に位置している。その古い大学のキャンパスを歩くと、あちこちに古色蒼然としたレンガの建物が目につくが、その真ん中にやはり古色蒼然たたるチャペルが立っている。

一八七六年、新島襄が今出川キャンパスに最初に建てた校舎は木造であったが、その後十年近く経って、アメリカン・ボードの寄付で建った最初の建物が、中学校の校舎である彰榮館(一八八四年)であり、二つ目の建物がチャペル(一八八六年)である。

私が京都を初めて訪ねたのは一九七〇年のことだ。当時国際青少年会議が東京であったため東京に行ったついで

同志社大学 キャンパス - 京都 2016

に、大阪にいた父の知人の家に少しお世話になったことがある。そのとき、その家の娘さんと電車に乗って京都を訪れたのだ。

そして二〇〇五年、母の逝去からまもなく、京都国際会館で日本政府により、母である孫戸妍歌人を称える行事が二日間にわたって開かれた。韓国の伝統詩人である許英子、李根培氏も参席し、日本の著名な詩人たちと日本の短歌と韓国の伝統詩を互いに翻訳しあって隣国の詩を詠み、あるいは評して討論もし、東京からきた日本の文部大臣の演説と、日本の宝である万葉集の大家でもある中西進先生の講演もあり、両国を包み込む意義深い行事だった。最後に私が演説をし、その後京都の名所を訪ね歩いた。

日本初のクリスチャンの結婚式

ちょうど紅葉の季節の京都はほんとうに美しかった。

今さらながらに京都の美しさを感じ、懐かしい故郷が目の前に広がるようでもあり、西洋文明もしみ込んだ妙な美しさに出会った。その後、私は機会があるたびに飛行機で一時間の京都を訪ね、私の国からはなくなってしまった千年前の故郷とその新しさを見つけ出した。ときどき泊まったことのある東山の『寧々の道』豊臣秀吉の別荘の前にある旅館に、あるとき行くと部屋がなかったので、かつての内裏であった御所のま向いの簡素なホテルに部屋をとることになった。そこに泊まりながら道向いの広大な御所もながめ、すぐ隣の同志社大学のキャンパスも歩くようになった。

そんなある春の日、同志社大学のキャンパスのピンク色の花の前で初めて会った、今は引退した元中学教諭だったという方の勧めで、同大学に申請書を出すことになり、翌年の三月から私は思いもしなかった同志社大学生になった。

それからずっとチャペルと、その中にある新島襄の肖像画を眺めるようになった。チャペルの右側には韓国の詩人尹東柱と鄭芝容のこじんまりした詩碑が立っている。そのまた右側のハリス理化学館というレンガ建ての建物には新島襄博物館があり、ある人物の考えが世の中をどのように変えたのかを見ることができる。こうして全く知らなかった創立者新島襄に出会ったのだ。

幕府時代、鎖国を理由に海外渡航は禁じられていたが、新島襄はある船長の助けを得て国禁を犯して渡米する。一八七五年、今から一五〇余年前にそうやってアメリカのボストンのアマースト大学とアンドーヴァー神学校を卒業した新島襄は、卒業後にRutlandの宣教者会議で、日本にクリスチャンスクールを建てるためのファンドを募集する演説をする。たくさんの会衆が募金に応じ、そうして同志社が立てられるようになった。日本の重要文化財である建物を保護するために、一日三十分だけ開かれるこの煉瓦造りのチャペルは、当時　American　Commissioners for Foreign Missions の後援で建てられた。

チャペルのすぐ前にはこの学校の象徴であり、新島襄が好きだった梅の木が四本立っており、その横には彼がつくった梅の詩、教科書にも出てくる有名な短詩一首が詩碑に彼の親筆で刻まれている。勉強に音をあげそうになるたびに、設立者の信仰と梅を植えた深い意味を肝に銘じて、その一行の詩を毎日見つめなおす。

知識だけを詰め込む学校ではなく、信仰があり真実の徳と良心を備えた学問を立てようという志から、建物には良心館、明徳館、弘風館等の名前がつけられている。そうした名前の一つで、寒い冬の梅という意味の寒梅館もひときわ目につく。

新島襄は教育家としてのみならず、日本で全国的に尊敬されている優れた人物だ。彼の生前の足跡を辿る巡礼客も多い。彼は日本人としてアメリカの大学の学士を受けた最初の人物であり、一八八九年には日本人として初めてアマースト大学の名誉博士号を受け、一九五〇年には日本の切手デザインにまでなるほど高い品格を備えた歴史上の人物だ。

ソウルでも会った同志社大学の村田晃嗣元学長によれば、アメリカのアマースト大学の最も重要は位置に新島襄の肖像画がかかっているという。詩人のロバート・フロストや大統領、ノーベル賞受賞者を輩出した、有名な人文学大学であり、肖像画をかける基準は、同窓及び世の中にどれだけ大きなインパクトを及ぼしたかであるという。

妻である新島八重(一八四五〜一九三二)は、早くから会津の砲兵隊員の娘として幕府時代から明治新政府に逆らい、会津城でライフル銃を抱えて闘った。

既に京都に住んでいた兄を頼って母と会津から移ってきた八重は、一八七五年に京都に来た新島襄と出会い、翌一八七六年に結婚するが、当時はまだ男の影で静かにしているのがよい夫人とされていた時代だったので、一時は悪妻というイメージで見られるが、アメリカで　十年以上修学した新島とともに先駆けて男女平等を唱えた。新島がアメリカの宣教師に送った手紙には「Ｙａｅ　ｈａｓ　ａ　ｈａｎｄｓｏｍｅ　ｌｉｆｅｓｔｙｌｅ」と書かれていた。

二〇一三年、新島襄と八重をテーマとした　ＮＨＫ　の大河ドラマ『八重の桜』が放送されると、どこまでもフィクションのドラマだが、彼らの精神に感動したたくさんの人々が、京都の同志社大学と、八重が銃を抱えた会津の鶴ヶ城とを訪問するようになった。

縁にはさまざまなタイプがあるだろう。一九世紀の人物に私が親しく会うことはできないが、ずっと後世の二一世紀に新島襄が建てた学校に来て、彼の美しいスピリットに出会えた縁に私は心から感謝し感激している。

激しい寒さの冬を耐え忍びやがてはその花を咲かせる寒梅の美しさと香気の如く、過去一五〇年間に渡りいくつもの困難な峠を乗り越え乗り越えて繰り広げられてきた彼の美しい精神が、末長く広がっていくことを願ってやまない。

真理は寒梅の似し敢えて風雪を侵して開く
（真理似寒梅　敢侵風雪開）
新島襄

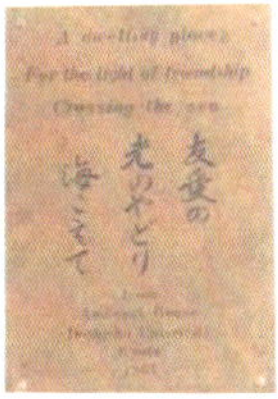

米国Amherst大学にかかった
新島襄の肖像と直筆の詩

A dwelling place
For the light of friendship
Crossing the sea

新島襄の同志社梅の詩碑

同志社大学で

勉強というものは、やるべきときにやっておくものだ。三十余年ぶりに大学で再び勉強しながらそう思った。

過去の経歴で適当に客員教授の座を得て、あちこちと通いながら文章を書くこともできるかもしれない。しかし、韓国の客員教授は日本やアメリカでゴルフや旅行に忙しく研究をしないという噂もあるので、私は勉強する学生でありたい。

それにしても私が同志社大学の最高齢学生として、一二科目一二教室を移動し、一二人の教授に会って、日本語もよくできないのに、日本の大学でこんなハードなコースを毎日繰り返すことになろうとは思わなかった。

韓国で大学に通ったときのこと、アメリカのジョージタウン大学、シラキュース大学院に通ったときのことが思い出され、西洋と日韓の全く異なる雰囲気を心の中で

同志社大学図書館前の巨木

比較してみる。

零下一〇度だったソウルの三月に発ち、日本を隣の家のように考えて到着すると、春のたびに驚かされるが、桜が満開だった。ソウルの日常に追われ、勉強も心の覚悟もできないまま、何冊かの本と何着かの服だけをもってきて、外国人登録、健康保険、健康診断などに加え、小さな自分の部屋にも生活必需品をそろえねばならず、並大抵のことではなかった。

そうこうするうち、はるか以前、小学校に通ったときのように四月初めから学期が始まった。登録手続き過程における実力チェックのための最初の試験と面接のときから、私は多少は心得ていると思っていたはずの日本人のこまめさと綿密さ、そして相手に対する配慮と礼儀にとても驚かされた。

例えば試験のとき、眼鏡を家に置き忘れてきて、許可を得て帰宅し眼鏡をもって戻ってくると、私だけ単独で試験を受けることになった。二日目に面接をもう一度することになり、試験の成績に影響がありはしないかと心配したが、対話は眼鏡のことから始まった。平時の目と今の目とについて語ってみよと言う。私はこれまでずっと目はよかったのだが、二年ほど前から文字を見るのに拡大鏡を使うようになったというそれだけのことに過ぎないのだが、それに関する質問が何段階にもわたった。

教室での勉強もとても細かく、ディテールを疎かにしない。

教授の立場から学生に何かが必要であると思えば、それに関する資料を探し翌日には手渡してくれる。その鋭利な目にまたもや驚かされた。

このように幼い頃から受けた彼らの教育が、日本の昨今の政治と世界外交戦略の緻密さの土台にあることを思わされた。

久しぶりに集中しなければならない勉強はもちろん、ろくに日本語もできない人間がクラスごとに異なる性格に接し、毎回試験に宿題にと苦戦しているが、それでもその内容は面白い。分別のある歳になってから来たせいだろうか。

七才の頃始めた幼い日の勉強は、ただ無条件に年齢に従って、ついていった感じだった。その醍醐味も知らず、毎年学年が上がり、大学にも行き、すぐに結婚というわけでもなかったのでアメリカ留学を選んだ面もあるかもしれない。

文学作品に出てくる京都のかの有名な加茂川の川辺がすぐ前にあり、市場もすぐそばなので、部屋の位置はいい方だが、日が当たらずに狭苦しい。七分ほど歩いて大学に足を踏み入れればキャンパスには日があふれ、この大学の象徴である梅と美しいさまざまな種類の桜が、いつも私を明るく迎えてくれた。

百年以上も前に建てられた古色蒼然としたレンガのチャペルのそば、我らが詩人尹東柱と鄭芝溶の詩碑に刻まれている詩は、私を常に粛然とさせる。

こんなハードコースを選ばなくても、その深い歴史と信仰、文化の気があふれる、その真ん中に立っているだけでも、たくさんの悟りがあるはずだ。

授業は日本語を基本として、作文等を選択しているが、文章論の最初の時間、笑顔にあふれ謙虚さをまとった女の先生の最初の一言が「皆さん、心の地図というものを聞いたことがありますか。心の地図を持ってください」というものだった。

「心の地図」。私はその言葉に深い感銘を受けた。

これまで何かしら知っているつもりで教えようとしてきたのに、こうしてまだ若い青年たちとともに新しい学びに新しい視点を持って接してみると、考えも変わり人も変わるような気がする。

ソウルを発つ少し前に、フランスの国民医師であるＤｒ。サルドマンと話をする機会があった。健康と幸福には食べ物、運動、愛、信仰等のさまざまな要素があるが、それにも劣らず重要なのは、新しい視点、新しい仕事、新しい人生、新しい国に踏み出すことだと話した。慣れ親しんだものとの決別だ。

終わりなき日常に躊躇しつつの出発だったが、緊張の最中にも新しい人生が見えるようだ。

花の陰あかの他人はなかりけり　　小林一茶

同志社大建物の中で最も多くのクラスをした弘風館

大学の前御所のQueenさくら - 2015 3

京都通信

京都の長期滞在で初めて迎える秋です。

京都は釜山よりも南にあるので、二一度くらいの気温で紅葉も今始まったばかりといったところですが、それでも秋の趣をたっぷりと感じられます。昨年と同じであれば、一一月末になれば夏に見たあのたくさんの紅葉の木も星の形をしたその葉を真っ赤に染めるでしょう。そう考えるだけで胸がときめきます。

ニューヨークのアップステート、その上のニューイングランドとメイン州まで、そしてカナダの紅葉を何年か見てきましたが、京都の紅葉は世界のどことも比べものにならない独特な美しさをもっています。すべての紅葉の葉が親指ほどの大きさの星の形をしています。数えきれないその紅葉の葉が青い空を背景に高く咲き広がるその光景は幻想的です。

二千余ヶ所を超えるこの都市の多くの寺院の庭には長い

秋の貴船 - 2015 11

時を経た紅葉の木があります。その紅葉たちが秋に染まるのです。

市内にもかかわらず山を背景とした寺院がかなりありますが、その山の紅葉もたいそう美しいのです。山の木は自然そのままの木であるはずなのに、なぜか手を入れられたように整って見えるのが不思議でしかたありません。もう始まっていますが、夜ライトアップされるその光景にはまた別の趣があり、紅葉を映えさせる特別な芸術として展開されます。

春の桜の時期にもホテルの部屋は予約で一杯ですが、秋の紅葉の時期には何ヶ月も前から部屋の予約がいっぱいでてんてこまいです。中国からの観光客がどっと増えたせいです。

京都には西洋人の姿が特に多くみられます。京都は彼らにとってロマンそのもののようです。西洋の老夫婦や若い恋人たちが手に手をとって歩いていますが、京都のあらゆるものにもうすっかり惚れ込んでしまったような表情で、ソウルで見る西洋人たちの表情とは差があります。私のことを日本人だと思い、私をつかまえて夢の中にいるようだと語りかけます。

中国人も同様です。多少荒っぽい中国人といえども、物静かで礼儀正しく相手を配慮して数えきれないほどお辞儀をしながら、ありがとう、すみませんを繰り返す日本の雰囲気にのまれて態度が柔らかくなるのがわかります。

日本人は言葉数が少なく静かで謙遜ですが、よくみると京都という都市に対する彼らのプライドがとても高いことがわかります。最近はだんだんと所有よりも体験に投資する傾向にあります。ここを訪れた人々は帰った後間違いなく、まわりの人に自らの忘れられない思い出を語りながら、ぜひ京都へ行ってみるようにと勧めることでしょう。そのような人々の口伝ては、千年の歴史を宿し、その文化を遺した先祖たちの貴い遺産を長い年月にわたり壊すことなく捨てることなく、真心を尽くして維持管理に努め、伝統を継いできた京都の人々が受けて然るべき祝福です。

どうして日本人の多くの人が世界が感嘆するほどの親切さと正直さを持ち、礼儀と信頼感を受けることができるのかと、いつも考えていますが、結論はやはり教育、生まれたときからの教育であると思わされます。

このように世界の人々の信頼と尊敬を受ける日本人が、彼らを代弁する政治家とそのリーダーシップによってより深く広いスケールになることができず、さらなる大国として踏み出し切れないことが残念でなりません。

大文字山頂から見下ろす京都の景色 - 2016. 9

チャペル

私は京都の同志社大学がクリスチャン大学だから来たわけではない。

しかし、設立者の新島襄がクリスチャン精神にもとづき建てた学校であり、キャンパスの真ん中に古いチャペルがあることはありがたい。

ステンドグラスが鉄のフレームではなく木のフレームでできた特異で美しいチャペルに座っていると、ずっと昔ソウルで通った似たような歴史のある梨花女子大学のチャペルが思い出されもする。チャペルのすぐ前には、この学校の象徴であり新島襄の哲学でもある梅の木が4本立っており、その横には彼のつくった梅の詩、有名な短歌一首が詩碑に親筆で刻まれている。

難しいばかりの勉強に疲れると、設立者の信仰と梅を植えた意味を思いつつその一行詩を眺めることになる。

ところで、3万余名もいる同志社の学生は、そうしたことを知らないのか古色のレンガの美しいチャペルにはわずか何十人かが集まるだけで、もったいないばかりだ。

同志社の学生がその学生時代に礼拝に出て、聖書を読む機会をもてたらいいのにと思う。彼らにはこの学校を建てた新島襄のクリスチャン精神を知る必要があるからだ。新島襄は教育家としてだけでなく、日本で全国的に尊敬されている素晴らしい人物で、彼の生前の足跡を訪ね歩く巡礼客も多い。

私が通った梨花女子中学校は、聖書の勉強時間と、毎朝野外劇場で三千名の礼拝があった。梨花女子大学では月水金の昼食時間に、教授たちが順番に司会をつとめる礼拝に参席しなければ単位がとれず卒業できなかった。

当時はそれが時間の浪費のように思われ不満だったが、後のそれが人生の大きな恵みであったことを知った。

学業に忙しくて時間がないとか、宗教は自由だとか、政府から予算を受けているので強圧的にできないとの声も聞こえる。同志社大学の勉強量が多いのは事実だが、人生を長くみるとき、大学時代に知識を詰め込むことも重要だが、その繊細な年齢のときに人生の根源問題について考えておくことはもっと重要なことだと私は思う。

善なる心の持ち主の多い日本に、クリスチャンがわずか1％で、この有名なクリスチャン大学のチャペルに学生が集まらないことがとても残念だ。

私は韓国のクリスチャン学校の影響でその後クリスチャンになった。人間には限界があり、生きて行く中で壁にぶつかり、いつかは神を求めるようになる。少なくとも同志社大学を出た卒業生は、新島襄のその素晴らしい精神を受け継ぎ、これからの長い人生を正しく方向づけることができることを願ってやまない。

人間関係が重要だとはいうが、神との関係も重要だと思う。私は今、日本のクリスチャン大学で勉強できることが、ただ嬉しくて有り難い。

◇　◇　◇

この文章は同志社大学の討論時間に書いたもので、学生たちを相手に私がインタビューし、それをテーマにして教授と信仰についてディスカッションしました。

同志社大學チャペル内部

授業

わたしが初めて留学したのはアメリカで、四一年前のことだ。

あのときもどうにかなったという気持ちで、しかも日本はすぐ隣だからという比較的軽い気持ちで、昨年の春、何冊かの本と何着かの服だけをかばんにつめて京都の同志社大学に留学した。

お隣さんと思って来た京都での勉強は、わたしには量が多く、ほとんど毎日試験と発表とレポートがあり、徹夜もしばしばだった。日常生活も何日間だけの訪問のそれとは全く異なった。印象深く残ったものをいくつか思い浮かべてみる。

多くの日本人は背が低く、体格がこじんまりとしているのが目につく。物静かで謙遜で、いつも相手を配慮する態度を見せ、度が過ぎるほど礼儀正しい。

大学のキャンパスは当然若者たちで溢れているが、外

山村孝一 古典文学教授 - 2016 1

に出ると高齢者が目につく。長寿世界一の国であり、韓国よりも早く高齢化が進んだせいだろう。六五歳以上が約三五〇〇万人、八十歳以上は一千万人を超え、百歳以上も六万人を超える。九十何歳がそこらじゅうにいてもはや話題にもならない。

テレビニュースには韓国の大統領がちらっと映りはするが、北朝鮮の金正恩のニュースは比較にならないほどたくさん出てくる。あまりにしょっちゅう出てきて北朝鮮というだけで緊張するので、わたしならすぐその下に位置する韓国を訪問する気にはならない。ここにいると、北朝鮮により近いはずの韓国国民が特に戦争の心配をしないことが不思議でならない。

西洋人は決まってノースコリアか、サウスコリアかと聞く。そのような問いにあきれていると、変な目で見てくる。その国のニュースも似たようなものだということだ。

韓国人が隣国日本に関心を持つその何分の一も日本人は隣国韓国に関心がない。先進国らしく多くの国を相手にしなければならないこともあるが、最近はほとんど無関心だ。

ノーベル賞受賞者が2人同時に出れば、韓国なら大騒ぎするはずだが、ここは落ち着いたものだ。ひところ高銀詩人の家に記者が陣をはったことがあったが、村上春樹がノーベル文学賞候補二位であるにもかかわらず、ちょっと記事で扱う程度だった。

韓国人留学生は減り、中国人留学生だらけだ。大学には漫画とアニメーションの科目があり活発だが、わたしは日本のアニメーションの主人公の名前も知らないので選ばなかった。

中国の観光客が急増し、韓国がマーズ騒動にあった昨年の七、八月の2ヶ月間で中国人が日本で使ったお金が二兆円を超えるという。中国人同士の口コミによるものだ。

国会で野党の代表が安倍総理の面前に立って激論する姿をよく目にする。相手に礼儀をはらうはずの日本なのに、政府代表にむかって見せる強硬な姿勢にはいつも驚かされる。

ロボットと宇宙開発がわずかに先を行き、環境とゴミに対する意識が極めて高い。

千年の伝統と歴史を守りぬこうと誓い合い、五十年後の日本を語る。

日本で印象深かったことは、このようにたくさんあるが、やはり何といってもわたしが一番多くの時間をさいてきた毎日の授業が一番印象に残っている。

一票を意識する政治家ではなく、わたしが接する一般の日本人の礼儀正しさ、純粋さ、誠実さ、緻密さ、正直さは、いったいどのような教育によるものだろうと、いつも気になっていた。

幼いころからの教育ではなく、大人になってからの一年余りの授業を通してでは全部を知ることなどできないが、それでも腑に落ちることはあった。教える態度と学ぶ姿勢と雰囲気から、そうしたものが滲み出ている。授業は予想以上に徹底しており、誠実さ、几帳面さ、礼儀正しさが要求された。

情熱をかたむけて教えるのは、どの国でも同じだろうが、ここの先生方の学生に対する態度はちょっと違う。たとえようもないほど親切で柔和で優しい。低姿勢と礼儀正しさが徹底している。わたしが学んだ２０人の先生方は皆等しくそうだったが、そのうち何人かの親切と優しさと献身にはいつも感嘆させられ、こんな人になりたいと思わされた。

よく日本人には本音と建前があるという。しかし、建前でもそうできるのはたいしたものだと思う。学生も結局はそうした態度が身についていくことになる。

年末にかなり年配の遠山先生が「今日は今年最後の授業です。皆さんがほんとうに一生懸命、誠実に勉強してくれて感動しました。ほんとうです。お陰でわたしはよい一年を過ごすことができました。新年もよろしくお願いします」と挨拶し、学生たちに両手を合わせ、九十度のお辞儀をしてわたしを感動させた。

帰国しても、同志社大学の親切で優しかったあの素晴らしい恩師たちのことを、わたしは決して忘れないだろう。

遠山和子先生

原田朋子先生

山村和惠先生

北村梓先生

李承信の文学講演 - 同志社女子大学 2016 3

ネパールのビール

同志社大学の読解時間に読んだエッセイがある。
日本の雑誌「文芸春秋」に載った「最近一番泣いた話」というタイトルで書かれた「ネパールのビール」。作家の吉田直哉は「日本の素顔」等でNHKのドキュメンタリーやドラマにおいて先駆者的な役割を果たし、「私のなかのテレビ」等多数の著書もある。そのエッセイの一部を紹介してみる。

四年も前のことだから、正確には最近のことではないのだが、私にはきのうのことのように感じられる。

ある年の夏、私は撮影のためにネパールのドラカというところに十日ほど滞在していた。海抜千五百メートルで、電気、水道、ガスのような現代文明はいっさいないところだ。人口四千五百人で、自動車はもちろん道路もないという自分たちの生活が、世界的な水準に及ばないことを彼らはよく知っている。旅人の目には人類の理想郷のように見える美しい風景のなかで、なぜにこれほどまで過酷な暮らしがあるのかと思う。

若者たち、特に子どもたちが、村を出て電気や自動車のあるところへ行きたいと願うのも無理のな

いことで、私たちにしても、車なしに重装備で登山しなければならなかった。十五人もポーターを雇って機材や食糧を運んだのだが、余分な荷物は減らさなければならず、まっさきに諦めなければならなかったのがビールである。なにより重く、アルコールとしてなら、ウイスキーのほうが効率的だ。

大汗をかいて一日の撮影が終わったとき、眼の前に清冽な小川が流れているのを見て思わず「あぁ、ここに冷えたビールの一杯があったら」と言ってしまった。その言葉を通訳を通して聞いたチェトリという村の少年が眼を輝かして言った。

「ビールがほしいなら、ぼくが持ってきてあげる」「・・・どこから?」と聞くと、大人の足でここから二時間ほどのチャリコットだと言う。「暗くなるまでに戻ってこれるよ」チャリコットは、私たちが車を捨ててポーターを雇った峠の拠点である。トラックの来る最終地点なので、むろんビールはある。峠の茶屋の棚に何本かびんが並んでいるのを、来るときに眼の隅でみた。

でも、チャリコットまでは大人の脚でも一時間半はかかるのである。「遠いじゃないか」「だいじょうぶ。まっ暗にならないうちに帰ってくる」八時ごろ、彼は五本のビールをもって現れ、私たちは拍手で彼を迎えた。

翌日、撮影現場の見物にやってきたチェトリ君が「きょうはビールは要らないのか。きょうは土曜でもう学校はないし、あしたは休みだからたくさん買ってきてあげる」と言うので、前夜のあの冷えたビールの味がよみがえり、1ダースぶん以上ビールが買えるお金を渡した。ところが夜になってもなんの音沙汰もない。事故ではないだろうか、と村人に相談すると、「そんな大金をあずけたのなら、逃げたのだ」と口をそろえて言う。

十五歳になるチェトリ君は、一つ山を越えたところにあるもっと小さな村からこの村へ来て、下宿して学校に通っている。彼の下宿を撮影して話をきいたので、厳しい事情はよく知っている。わら作りの寝具だけがある狭い土間で、チェトリ君はダミアとジラという香辛料をトウガラシと混ぜて石の間にはさんですり、野菜といっしょに煮て一種のカレーにしたものを飯にかけて食べ、小さな石油ランプ一つの暗い部屋でベッドの上に腹ばいになって勉強している。

そのチェトリが、帰ってこないのである。土日が過ぎて月曜日になっても音沙汰がない。学校へ行って先生に相談したら、先生までが「心配することはない。事故なんかじゃない。それだけの金を持ったのだから、逃げたのだろう」と言うのである。

歯ぎしりするほど後悔した。ついうっかりネパールの子どもにとっては信じられない大金を渡してしまった。あんないい子の一生を狂わしてしまったのだ。

でも、やはり事故ではなかろうかと思う。いても立ってもいられないままの三日目に宿舎の戸を誰かが烈しくノックした。さては最悪の凶報か、と戸をあけるとそこにチェトリ君が立っていた。泥まみれだった。チャリコットには三本しかビールがなかったので、山を四つも越した別の峠まで行ったという。

合計十本買ったのだけど、ころんで三本割ってしまった、とべそをかきながらその破片をぜんぶ出してみせ、そして釣銭を出した。

彼の肩を抱いて、私は泣いた。あんなに泣いたことはない。そしてあんなに深く、いろいろ反省したこともない。

数年前、巨大な津波が日本を襲い、人と町が飲み込まれてしまったとき、歌人であった母を慕ってくれた日本の読者の方々のことが思い出され、私も何か力になりたいと短詩を二百五十首ほどつくったことがある。その詩が日韓両国の新聞に同時に掲載され話題となったとき、何人かの韓国人から、なぜ日本をそんなに慰めるようなことをするのか、トルコやインドネシアに地震がおきたときにはなぜそうしないのかと言われた。日本だからこうするのだとは言葉に出せなかった。今度のネパールの大地震のニュースを京都で見て、そのときのことが思い出された。

ネパールにはまだ行ったことがない私は、ネパールといえばエベレスト山しか思い浮かばないが、このエッセイを読んで私は泣いた。夜通しわからない単語を探し、たどたどしくとも読み進めながら、こんなにも純朴で正直な心が生きている国に行ってみたくなった。そして、このエッセイを書いた作者に感謝したくなった。

読者の心を泣かせ、その心を一瞬にして変えることができるのが文学の力というものだ。

ネパール、　いまだ行かずとも　文にて出会いし　無垢なる心

万葉集、古典を勉強して

二〇一一年、東日本大震災による津波がおき、歌人であった母の詩心を愛してくださった日本の人々のことを思いながら、夜を明かしてその心を表現したわたしの一行詩が話題となり、日本のさまざまな場所でスピーチや朗読をする機会がありました。

そのたびに、日本をもっと勉強しなければと思わされ、こうして晩学ながら京都の同志社大学で日本語とその文化を勉強することになり、一定の水準になると、自身が望む科目を選べるようにもなりました。

わたしは文学と読解と文章論を選びました。ところが、文学は当然現代文学と思ったのですが、ゴマ粒のような科目説明をろくに読みもせずに選んだところ、なんとこれが日本の古典文学、それも日本文学の宝の中の宝ともいうべき万葉集の授業でした。千年以上の昔、千二百・三百年前の古語が混ざる圧縮された一行の文学を、ソウルで一度も日本語を専攻したことのない者がどうしてついていけましょうか。

二つのことを考えました。

まずは、二十科目を優秀な成績で通過しなければ大学を卒業できないが、この日本文学のせいで当然はじき返されて通過できないだろうということ。二つ目は、韓国では息の絶えてしまった短歌の唯一の後裔であった母の短歌が、古代万葉集に倣って日本屈指の出版社講談社が出した近現代の優秀な短歌を集めた昭和万葉集（全二十巻）に五つとられていることから、そのような縁を偶然ではなく必然として選べるように機会が与えられたのではないか、ということです。

この難しい古典文学、万葉集を勉強して試験に通る自信はまったくありませんでしたが、最初の授業から素晴らしい作品に接し、指導教授の山村先生の卓越した解釈に夢中になり、九十分間の授業に何度も参加してみてると、途中でぬけることができなくなりました。

仕方なく、これは最初に考えた二つのうち、二つ目のことなのだと自らを納得させ最後まで休むことなく皆勤となりました。

古典文学を解釈しながら、現代に同じテーマの現代詩や歌を探し出しては読んだり聴いたりする山村先生の情熱はたいへんなものでした。一四〇〇年前、短歌を百済から日本に伝え、教えた短歌歌人たちの心を、誰かがわたしに継がせようとしているのだろうかと、ため息も出ましたが、これも乗りかかった船と勉強に精を出しました。

最初の授業はかの有名な松尾芭蕉（一六四四〜一六九四）の俳句

これのどこが詩なのか、とよく言われる。先生もわたしのように、その平凡な詩をたいしたことはないと考えていたが、ずっと前に同志社文学の師による素晴らしい解釈を聞いてすっかりはまってしまったという説明に耳を傾けてみると、同じ一行の詩が、宇宙の静寂にひたる音と再び訪れる静寂という解釈により、新しい気づきとなってわたしに迫ってくることに驚かされた。

六0余名の学生はみなわたしより日本語が上手だが、詩にこめられた人生の深さがあなたたちのような二十歳前後の年でわかるもんですかと思いながら耐えた。

初時雨猿も小蓑を欲しげなり

前の芭蕉のもう一つの俳句のうち、最も重要な単語は何だろうかとの問いに、初時雨、猿、小蓑、と全部を答えたがどれも違った。正解は猿の後ろにある「も」だった。

肌寒い初冬の山に時雨がふり作者さえ心細く、猿もまたそうだろうと考える、作者の憐憫と同情と共感が垣間見える鋭い解釈だ。その解釈に膝をたたいて感嘆した。こういう授業を受けて、こういう解釈を知ることは奇跡のようなできごとだ。

万葉集は千年以上も前、百済の滅亡を機にその王族と貴族、学者や知識人たちが日本へと渡って、飛鳥、奈良、京都地域に定着し、文化の核心として短歌をつくって交流し、心を表現してきた歴史、記録、物証であり、それを四五〇〇余首に集大成した尊い宝物だ。その詩の多くは海を渡っていった百済人の手により、それを集大成した人物である大伴家持も百済からの渡来人だと聞いた。

万葉集研究の最高大家である中西進先生に直接聞いた、百済に由来する短歌の歴史だが、万葉集を研究する多くの学者たちがその深い歴史を知らず、日本古来のものと思われていることが残念だ。

フランスやアメリカに行くと、大学図書館はもちろん、書店にも短歌、俳句のような簡潔で深みのある短詩がときに禅詩とも言われながら、簡単に手にすることができ、全て日本のものとして知られている。日本の格とイメージを高めるのに大きく貢献しているのを目にする。そのたびに、本来韓国のものであった短歌の真髄を、韓民族が知る日が必ず来ると母が言っていたことを思い出す。

古代日本の最初の文学作品である万葉集の詩人は、ほとんどが天皇か当時の貴族たちだ。その代表的な詩の核心とその心を理解しようと、わたしは夜を明かした。もちろん難しいし、試験に落ちれば卒業できないためでもあるが、何よりその勉強が興味深かったせいだ。

愛の詩、先立った恋人に向けた挽歌、人生と人類を思う心、美しい自然と四季を歌う一行の詩には、わたしたちが全く関心をもたなかった千年前の愛が、この時代の愛とどうしてこうもそっくりなのかと驚かされる。現代と古代がつながり、古代の彼らもわたしたちと同じ感情と感性をもっていたことは、それがあまりにも当然なことではありながら、実に驚くべき発見だ。

期末試験のため一学期間全体を範囲として九科目の勉強をしなければならないが、他の科目を後回しにしてわたしは古典文学に集中した。詩の空欄に適切な単語を補わなければならず、有名な詩人の古風な名前とその詩の特徴を年代とともに覚えねばならない。詩の解釈もしなければならず、頭から火が出る思いだったが、九〇分間の試験で九六点をとることができ、わたし自身が驚いた。毎週その日の授業の感想を書き、「わたしが地球に残したい一冊の本」という二千字のレポートも書かねばならなかった。

そうして古典文学で「A」の成績を受けたときには、本当に肝をつぶしてしまった。この科目のせいで卒業できないと思っていたのに。卒業の可能性が開けた瞬間だ。千年前のこの地の祖先たちを称える瞬間でもある。

古代の詩人たちの愛の詩に垣間見える切実な心とその歌を聞き、胸がいっぱいになって夕方の弘風館の文学教室を出ると、照明がおちた古いレンガと深緑の木々のあるキャンパス、そして明るい光をともす月がわたしを迎えた。時空を超越したその瞬間をわたしは決して忘れられないだろう。

恋ひ恋ひて逢へる時だに愛しき言尽くしてよ長くと思はば
思はぬに妹が笑まひを夢に見て心のうちに燃えつつそ居る

万葉集より

思ひつつ寝ればや人の見えつらむ夢と知りせば覚めざらましを
月やあらぬ春や昔の春ならぬ我が身ひとつはもとの身にして
つひに行く 道とはかねて 聞きしかど 昨日今日とは 思はざりしを

古今集より

国境と言葉の壁を乗り越えて
吾が咲かせみる
無窮花の花を

孫戸研

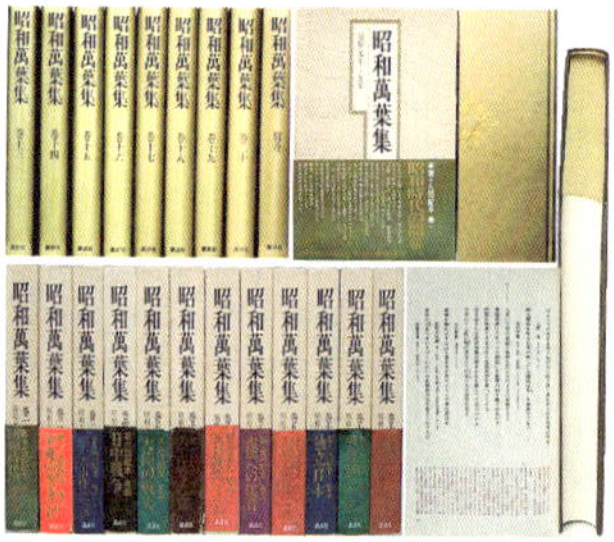

昭和万葉集には孫戸妍の短歌五首が収められている。

夜遅い大学の図書館

空を仰ぎ

空を仰ぎ

四季を通して見てきた尹東柱の詩碑は、六月、一年草の紫色の花が詩碑の前に咲く頃が、最もよく似合う。

詩人尹東柱の詩碑が同志社大学の中にあることを知ったのは、何年か前にソウルで出会った日本T・S・Elliot協会会長の中井晃教授がそこへ連れて行ってくれたときだ。その詩碑の前をこうして一日に何度か通りすぎることになろうとは想像すらできなかった頃だ。

日本植民地時代、その暗く貧しい生活の中で日本での人生と苦悩を思索し、囚われの祖国に胸を痛め心焦がすその心情を節制された詩で描写した詩人尹東柱。

彼はわたしを省察に導く。

彼の詩にみえる限りなく善い純粋な心は、わたしを真実なものにさせる。

同志社大学の真ん中にある礼拝堂のすぐ横に建てられたその詩碑は小さく、日本人が建てたものではなく韓国の交友会が建てたものだが、奥ゆかしい魂と気を宿していることが感じられる。

尹東柱の詩碑,右には5mほどの無窮花

いのち尽きる日まで空を仰ぎ
一点の恥じることもなきを
木の葉をふるわす風にもわたしは心いためた
星をうたう心で
すべての死にゆくものを愛おしまねば
そしてわたしに与えられた道を歩みゆかねば。
今夜も星が風に身をさらす

詩碑に彫られた日韓両国語からなるこの七行の親筆からなる詩を詠んでみる。

二十七年の生涯。

生まれてみると祖国は日本だった。

その侮辱と苦痛と傷を胸に自身の魂を輝かす語彙をもってこのように書き下ろした。

解放を何ヶ月か前にして日本の福岡刑務所で獄死し、生前に出した詩集の一冊もないが、今こうして日本の古都の真ん中に詩碑として立っている。

並び立つ尹東柱の詩碑(左)と鄭芝溶の詩碑

その詩碑の前にはたくさんの供え物がおかれている。生花や造花、ペンと紙、原稿と傘とお金、コーヒーやお酒もある。ここを訪れた韓国人が置いていったものだ。

大学の設立者で全国的に有名な新島襄の詩碑の前には花一輪もないのに、尹東柱の詩碑の前には花が絶えないと話題になっている。

ところで、それを誰も片付けないので、雨が降り雪が降ると汚くなる。この清潔で美しいキャンパスには似合わない光景だ。下手に手を出すと叱られるとでも思っているのかもしれない。それで、わたしが少しずつ片付けているところだ。

いつも通り過ぎる詩人の詩碑、その詩碑の前に立つ韓国からの訪問客に詩人の話を聞かせる。詩碑がそこにあることも知らない日本の学生たちにも聞かせる。今日もわたしは尹東柱の詩碑の前の花と供え物を祈るような気持ちで片付ける。そして空を仰ぎみる。死して蘇るその魂を思い、七五年後に韓国からきた詩人が、かつて彼が仰ぎみた境界のない青い空を再び仰ぎみる。

尹東柱が勉強していた当時の図書館

夭折の特権

「詩人には「夭折の特権」というべきものがあって、若さや純潔をそのまま凍結してしまったような清らかさは、後世の読者をもひきつけずにはおかないし、ひらけば常に水仙のようないい匂いが薫り立つ。」日本の詩人、茨木のり子の言葉だ。

夭折した尹東柱の三つ目の詩碑がこの十月に日本の宇治に建てられた。宇治は京都から電車で三十分ほどの距離で、長くのびた山裾に宇治川が長く流れる美しいところだ。日本初の小説「源氏物語」がそこで書かれ、川端には作家の銅像がある。日本の十円硬貨に刻まれた世界文化遺産の平等院鳳凰堂があり、コーヒーよりも宇治茶が有名だ。

長い川にかかるいくつかの橋のひとつである天ヶ瀬の吊り橋にはエピソードがある。ソウルの延禧専門

宇治天ヶ瀬の尹東柱の最後の写真

学校を卒業した尹東柱は、一九四二年四月東京の立教大学文学部に入学し、五ヵ月後には京都の同志社大学に編入する。在学中に学友たちと宇治に遠足に行き、天ヶ瀬の吊り橋で彼にとって最後の写真を残すことになる。

数十年が過ぎ、宇治のその橋から歩いて十分ほどのところに、もう一つの尹東柱の詩碑が建てられた。そこには「詩人尹東柱の記憶と和解の碑」という文字と、彼の詩「新しい道」が日韓両国語で刻まれている。

七五年前、二五歳の青年尹東柱が立ったその場所に、私の足跡を重ねて立ち、川と山と彼が眺めた空を見上げると、深い感慨に包まれた。

暗く寂寞とした生活の中で、人間の生について苦悩し、「六畳部屋を出ると他人の国」と詠った。失われた祖国に胸を痛め、その心を節制された詩に描写した尹東柱。凍結された彼の限りなく純潔で純粋な魂に思いを馳せてみる。

平等院、宇治の大寺刹と博物館で古代百済の香りをかぎ、五時には暗くなる夜道を走って京都市内の尹東柱が住んだ下宿先に建てられた詩碑の前に立つ。昨年まで同志社で一日に何度も眺めた詩碑には、詩集「空と風と星と詩」の「序詩」が刻まれている。

治安維持法違反で京都の下鴨警察署に捕まる前、尹東柱は同志社大学で一学期を送ったが、その下宿のあった一帯を京都造形美術大学が買い取り、校舎を建てるとともに、その前に見栄えよく詩碑を建てた。同志社からすぐのところでもあるにもかかわらず、私は帰国後に改めて訪ねて初めて見ることになった。

私の住むソウルの町の近くの尹東柱の下宿を思い浮かべた。そこには額はあるが、下宿の主人の息子がその前で焼き芋を売っている。

詩人尹東柱の誕生百周年の年の最後に、私もこうして彼の三つの詩碑を一日で見ることになった。京都の尹東柱を偲ぶ会の朴熙均会長が、親切にご案内くださり多くの資料を見せてくださったおかげだ。彼の尹東柱への愛と情熱はすさまじかった。

尹東柱詩碑 - 宇治 2017 11 28

特に韓国で映画「ラストプリンセス 大韓帝国最後の皇女」(原題は「徳恵翁主」)がかかっていたころ知り合った日本の作家多胡吉郎先生は、徳恵翁主が日本にいたときに作った短歌を発見し、映画製作にも寄与したが、NHKTVのPDだったとき、何年かにわたる企画として尹東柱のドキュメンタリーを制作なさった方だ。同志社大学に尹東柱の詩碑を建てようとどんなに試みても難しかったが、多胡先生のドキュメンタリー放映後にそのキャンパスに詩碑が建てられた。宇治の天ヶ瀬吊り橋で写した詩人の最後の写真もかれが発見したもので、その写真一枚の縁でついに詩人の三つ目の詩碑が建つことになったのだ。かれは日本で、尹東柱百周年に合わせ、その短い生涯の評伝も出した。日本の尹東柱の精神を愛する方々により、京都地域に詩碑が三つも建てられるとは。考えて見ればすごいことだ。

わずか二十七年と一ヶ月の人生。(一九一七 一二 三〇 ～ 一九四五 二 一六)「夭折の特権とは若さと純潔をそのまま凍結すること」と日本の詩人が語ったというが、尹東柱のその時代的な夭折はさらに悲惨なものだ。しかし、深い谷間であればあるほど、すぐそばにより高い山が聳え立つという言葉は真理だ。七十五年後のいま葛藤する両国民にその純粋な魂が光を発しているのを見る。彼が獄死した福岡市は、何年も詩碑の建立を拒絶しているが、もうじき東京にも尹東柱の四つ目の詩碑が建つという。

私は大きな木が好きだ。

若木が育ち一定の年輪を重ねるとひとつの命として私に迫ってくる。今私が通っている同志社大学は歴史も長いだけに、年輪をきざんだ大きな木がたくさんある。学校に入ると古くて赤いレンガの建物群が目につくが、その合間に大きな木がある。少なくとも三、四人が手をつながなくては囲いきれない太い幹をもっている。毎日見ても見飽きず、常に新しい。私は毎朝校門を入ってすぐに見えるその木にあいさつし、手を触れてみる。

そうすると木も私に明るく微笑みかけ、木の葉を揺らせて枝を動かしながら何か言いたそうなのがわかる。私に天と地の中間世界にある彼らの言語を聞き取れるわけがないが、どうかするとはっきり聞き取れたと思えることがあり、好きだという言葉に微笑み返す。

一日に何度かよく育ったその木の下を通り過ぎながら、姿のいいその木を見上げる。私の背の何倍にもなり、私が生まれるずっと前に生まれた彼は私よりはるかに大人のように思え、仰ぎ見てしまう。そうすると彼は私を子ども扱いするように、かわいいと言いながら頭をなでてくれる。

父、母、祖父、祖母、そしておじ、おばたち、まわりの大人たちがみな逝ってしまい、今やこの家では私が一番の大人なのだということがとても信じられないが、私をいたわり愛と理解と抱擁をほどこしてくれる立派な大人がそばにいてくれるような感じがとてもよい。

ソウルにも私が好きな大きな木がある。社稷公園の入り口のすぐそばの五百年は経つような太い木には幼いときから登校のたびに親しんだものだが、ある日消えてしまった。その公園の真ん中にあった三本の欅のうちの一本も、根元が切り取られていて落胆させられたが、家の裏にある培花女子高の運動場のはしの大きく太い木はそのままだった。景福高校の運動場のはしにある大きなプラタナスも私が頼りにしてきた木だ。

アップステート・ニューヨークの家の裏庭の大きな木にはい登ると、心地のいい木造の家があり、長く住んだワシントンの家のまわりの大きく豊かな欅 ｅｌｍ ｔｒｅｅ にも情をそそいだ。

木は動物とは異なり自由に動くことができず、一か所に根をはり生きることがかわいそうだと思うことがある。しかし、私がそばに寄り、触り、見上げて、風に揺れる枝と眩しい葉っぱを季節ごとにながめること、そして私を見てくれることが好きだった。

アメリカから帰国した後に初めてアメリカを再訪したときのことが思い出される。親しくつきあった知人たちに会うのもよかったが、家の裏庭の私が名前までつけて愛情をこめて詠んだ木々、町の入り口のブランコがぶらさげられていた大きな木に再会し、互いに喜び合った記憶が新しい。そうだ。年輪と大きさを加えた木は確かに生きている命として迫ってくる。

毎朝早起きして本をいっぱいにつめたバックパックを背負い、同志社の校庭に入ると、私が視線を走らせる木々が嬉しがってくれる。下校時にも彼らはキャンパスを走るようにして私に近づき、いい歳なのに今日もお疲れ様といいながら腕を広げて抱きしめてくるようだ。

毎日通う図書館のすぐ前の巨木も、その体に緑色の歳月の苔をベルベットのようにまとって立っているが、夜一〇時、図書館の灯が消え私が一番最後に扉を開けて出てくると、キャンパスに霧のようにただよう照明とともに、その苔むした木が「ご苦労様でした」と挨拶してくれる。その甘美さに自然と笑みがこぼれ、それに応えて彼をそっと抱きしめ、大きな木の葉っぱ越しに濃紺の空を見上げる。

過ぎ去った時間、歴史の全てを見ているその木は、私が逝っても変わることなく、その後の長い時間をそこから動きもせずに自分だけの言語を駆使しながら、目の前で繰り広げられる天と地の歴史をその目で眺めつづけるだろう。

異例なし谷深ければ山高し
げに大いなる祝福のとき

宇治天ヶ瀬の吊り橋 - 宇治 2017 11

同志社に通っていたころの尹東柱下宿前の詩碑

卒業

いつかニュースでハーバードの有名な教授が、学生の心理を調査するために学生が選択するコースを一学期間直接体験してみたところ、とてもついていけないほどに大変だったと語ったことがあった。日本で大学コースを履修してそのことを思い出した。

過去の履歴を提出し、相応の客員教授職を申請することもできた。しかし、もう一度学生をやりたかった。勉強と人生はほんとうに難しいものだと悟ったときには既に遅すぎた。

中途で放棄してしまおうかという誘惑に何度か駆られたが、ぐっとこらえて二十科目を履修し、ついに卒業となった。英語圏ではない日本で大学を終えることができたことが夢のようで、どんな学位よりも自慢に思った。

その日、弟と友人たちがソウルから来て、卒業式会場の二階の家族席から見下ろしていた。卒業生として前列に

同志社大学卒業式 – 2016 3 20

座っていながらも、ほんとうに卒業できたのだろうか、ドッキリショーではないだろうかと、そわそわしたが、ついに卒業証書を受け取ると、友人たちも私もびっくりした。

卒業はやはり十分に大人になってからするものだ。かっこいい村田同志社大学総長の卒業祝辞が耳に残った。

「いまや同志社は皆さんの人生の大切な一部なのです。卒業の今年はブラジルオリンピックがあり、四年後の二〇二〇年には東京で二度目のオリンピックが開かれます。そのさらに五年後の二〇二五年には私たちの同志社は創立一五十周年を迎えます。その時に皆さんは、どこでどうしているでしょうか。これも是非想像してみてください。その実現のための第一歩です」と語りかけ、「寛容は自らを守るために不寛容に対して不寛容になるべきか」と問うた、東京大学仏文科教授だった渡辺一夫の「寛容」と、人材ではなく人物、知識と教育、人品を兼ね備えた国と世界の良心を育成しようとした同志社大学創始者の新島襄の「良心」に関する話をしてくださった。社会に、世の中に出てそうした寛容と良心の人物に

一番たくさんの時間を過ごした図書館

なってくれることを願うという要旨の祝辞に感銘を受けた。

こうした素晴らしい言葉を二十二歳の大学卒業生が理解することは容易ではないはずだ。私ももう何年も昔の小学校、中学校、高校、大学、そして留学したアメリカの大学院の卒業式で、恩師たちの素晴らしい祝辞を聞いたはずだ。しかし、いくら思い出そうとしても思い出せない。二十代の同志社同期生たちも、ひたすら与えられた人生を生き、数多くの経験と学びの後に、今のわたしのようにこうした言葉が胸に響くようになるのかもしれない。

ずいぶんな歳になって無謀にも勇気を出して留学し、苦労もたくさんした。今日にいたるまでの京都での暮らしと同志社でのキャンパスライフが走馬灯のように目の前をよぎる。今まで短期の滞在を繰り返して日本をちょっと知った気になっていたが、それは誤りだった。韓国の人々がすぐ隣の日本をどれほど知らずにいるのかも悟った。

一日に何度もその前を通る同志社の二人の大先輩である鄭芝溶と尹東柱の詩碑は、いやが上にも故国を思い出させ、校庭の真ん中にそびえ悠然と抱きかかえてくれた歴史ある巨木たち、総長公館前のわたしが名づけた五本の「愛の木」は芽吹く新芽のひとつひとつが愛らしいハート模様で、わたしが近づくたびにヒラヒラと手招きするように揺れ、わたしを微笑ませてくれた。

チャペルではよく祈祷し、足の赴く建物のひとつひとつを利用した。校内食堂やベーカリー、あるいはカフェでわたしの横に座った日本の学生さんたちは、わたしの即席家庭教師になってくれた。おとなしく、献身的なわたしの二十代の恩師たちはもちろん、手助けしてくれたたくさんの日本の学生さんたちの親切な教えが、今日のわたしの卒業を可能にしてくれた。

本屋とコンビニの店員たちが、幼い学生たちに終日何度もお辞儀するのを、興味深く眺め、夜遅く図書館を出て校門に近づくと顔を合わせる守衛さんが、「お疲れ様でした」と声をかけてくれる。その声を聞くと、わたしが疲れているのをわかってくれているようで、一日の疲れがその場だけでもほぐれるようだった。口から出る言葉の一言が、こんなにも貴いものであることをいつも感じる瞬間だ。

図書館が閉館日のある夜、校門を出ると右側に大きな御所、古都の天皇の宮殿が誰でも入れるように門もなく立って。左側の大学のキャンパスの塀をはさんで約十分ほど早足で行くと、路地沿いに伝統市場があらわれ、そこに六畳間の我が家がある。狭い扉と台所の角にぶつからないよう注意して入ってかばんをおろし、窓辺に置いた十数個の小さな花瓶の花に水をやる。

着替えて外に出ると、そこには月の光にきらめく鴨川があり、しだれ柳と桜の木がずっと続く川辺を歩き、九十年前に同じ川辺を歩いたはずの詩人鄭芝溶のやるせない悲しさを思った。

週末にはときどき課題をもって電車で鞍馬温泉に訪れた。春や秋に京都市内の由緒あるお寺の世界最高級の庭園を歩くと、わたしの国からは消えてしまった千年前のわたしの国のにおいがした。五千年の歴史で唯一海外に本格的に広がった韓国の文化だ。

どこにいてもそうだが、一日は長いのに、過ぎてみればあっという間の歳月だ。しかし、それは実に意味のある時間だ。

四季にわたって日本の姿と思考をながめ、海を隔てたわが祖国のことを考えた。千年前の韓国の歴史が宿る古都、京都の大学である同志社で、言語の習得と偉大な価値の遺産である文学に接し、一行の古代詩、万葉集の短歌とその心を少しだが韓国語に翻訳もしてみた。ここで学んだこと・悟ったことがわたしの認識の地平を押し広めてくれることを願ってやまない。千年を越える善隣関係があり、近現代の三十五年間には国が国を支配し解放される関係があり、最近何年間かは霧の中の二つの国の関係がある。

互いの生存のために必ずや解かねばならない課題、互いに異なる文化、人、思考と発想を調和させる未来に導くために、隣国の空間に身を寄せたわたしの体験が、わずかでも役立つことを願ってやまない。

晩学の卒業に過ぎし日の卒業を思う
引き返すことのできない歳月
わたしたちはどこで何になり再びめぐり逢うのか

仲睦まじい姉弟 ‐ 天皇の居所だった御所のしだれ桜

誇り高き卒業生 ‐ 京都 同志社大学 2016 3 20

卒業式の式辞

二〇一六年三月二〇日の京都の同志社大学の卒業式の村田晃嗣学長の祝辞が感銘深く、日本の知識人の考えを覗き見ることができはしないかと思い、ここにその前文を載せます。

皆さん、ご卒業まことにおめでとうございます。心よりお祝い申し上げます。また、ご家族や友人の皆さんにも、お慶びを申し上げます。

皆さんは二〇一六年に同志社大学を巣立っていかれます。今年のように西暦が4で割り切れる年には、世界で二つの大きな出来事が必ずあります。一つは夏季オリンピックであり、もう一つはアメリカの大統領選挙です。

今年も八月五日から二一日にかけて、ブラジルのリオデジャネイロで夏季オリンピックが開催され、本学からも在学生や卒業生が出場する予定です。大いに声援を送りたいと思います。そして、さらに四年後の二〇二〇年には、東京で二度目のオリン

ピックが予定されています。その頃、皆さんはどこで何をしているでしょうか。こうしていたい、こうなりたいと、強くイメージしてください。それが実現の第一歩なのです。

皆さんもご承知のように、最初の東京オリンピックは一九六四年に開催されました。敗戦国だった日本が、日本で初であるのみかアジアで初のオリンピックを開催できるまでに復興・成長したことを世界に示す、絶好の機会でもありました。当時の日本は急速な経済成長の波に乗っており、さらに四年後の一九六八年には、当時の西ドイツを抜いて、ついにアメリカに次ぐ世界第二位の経済大国になるのでした。

大きな社会的・経済的変化の中で、オリンピック開催当時の首相だった池田勇人は「寛容と忍耐」をスローガンに掲げていました。もちろん、経済成長や物質的な豊かさだけがすべてではありませんが、第一回の東京オリンピックの前後には、それらは明確なナショナル・ゴールだったのです。二度目の東京オリンピックに際して、残念ながら、われわれはオリンピックを超えたナショナル・ゴールを描ききれていないように思います。次のナショナル・ゴール、さらにはナショナルな枠を超えたゴールを描き追い求めることが、皆さんの世代の重要な課題です。

さて、アメリカの大統領選挙は激しさを増しています。もとより、アメリカの民主主義的な判断を待つしかありませんが、何しろ、日本にとっても世界にとってもきわめて重要な超大国のことです。一部の候補者が移民の排斥など過激な主張を繰り返していることが、危惧されます。おそらく、その背景には、貧富の格差の拡大や人種、宗教、ジェンダーなどの社会の多様化に対する、人々の不安や苛立ちがあるのでしょう。異質なものを排除しようとする動きは、残念ながらヨーロッパにも見られます。

日本には、欧米ほど多くの移民はいませんから、移民排斥論はありませんが、その分、多様性には鈍感かもしれません。そして、その日本でも、異なる文化や意見、立場への寛容の精神が後退しているようにも思えます。

ここで、あるエッセーをご紹介しましょう。東京大学でフランス文学を講じた渡辺一夫によるものです。渡辺は小説家の大江健三郎の恩師としても知られます。「寛容は自らを守るために不寛容に対して不寛容になるべきか」と、渡辺は問いました。渡辺によれば、人類の長い歴史は寛容と不寛容との闘いの歴史でした。そして、しばしば寛容は不寛容に敗れてきました。何故なら、不寛容が攻撃的であるのに対して、寛容にはたった二つの武器、つまり、説得と自らをふり返る反省しかないからです。

しかし、より危険なことは、寛容が不寛容と戦う中で、気がつくと自らも不寛容になってしまうことが、あまりにも多いことです。これも渡辺によると、古代ローマは宗教にきわめて寛容な社会でしたが、原始キリスト教が自らのみが正しい宗教であり、神に通じる生き方であるという不寛容を示したため、ローマによる迫害という不寛容を誘発してしまったといいます。

「寛容は自らを守るために不寛容に対して不寛容になるべきか」——渡辺の答えは否であり、われわれはあくまで寛容でなければならないと説いています。

最近、グローバル化という言葉を、あまりにもしばしば耳にします。このグローバル化とは単に英語を話すことや海外で学ぶこと、働くことではなく、多様性を尊重し、自分とは異なる文化や価値観、ものの考え方に謙虚で寛容であることです。皆さんには、そうした意味でのグローバルな人物になってもらいたいと思います。同志社の創立者・新島襄はまさにその好例でしょう。

皆さんは、ここ同志社大学で学びました。好むと好まざるとにかかわらず、同志社は皆さんの人生の大切な一部なのです。新島は人材ではなく人物、さらには、知識と教育、品行を兼ね備えた「一国の良心」を同志社で育成しようとしました。「良心」とは何か――これもたいへん難しい問いであり、決まった答えがあるわけではありません。ただ確実に言えることは、「良心」とは自分を正当化したり、他人を攻撃したりする時に用いるものではないことです。

村田晃嗣 同志社大学学長
2015 ソウル

「良心」とは自らを反省する際に意味をもつものであり、従って、先に触れた寛容の精神と結びついています。信念をもつことと自身を反省することは矛盾しません。そういった作業を重ねることで、自分とは立場の違う人にも寛容になり、共通点の拡大を図れるのです。さらに、「一国の良心」になるためには、社会性や組織力も必要になります。
二度目の東京オリンピックのさらに後、二〇二五年には私たちの同志社は創立一五〇周年を迎えます。その時に皆さんは、どこでどうしているでしょうか。これも是非想像してみてください。そして、その際に、今日お話した「寛容」や「良心」という言葉を思い起こしてもらいたいと願います。
最後に、新島が同志社の第一回の卒業式で皆さんの大先輩たちに贈った言葉を、私も贈りましょう。

Go go go in peace.
Be strong!
Mysterious Hand guide you.

改めまして、
ご卒業まことにおめでとうございました。

Good Luck !

京都 同志社大学卒業式 - 栄光堂 講堂
2016 3 20

慰めのよう

高台寺の話

桜が咲いていれば
見られなかった
花びらの敷きつめられた道
どの瞬間にも美しさがある

桜といえば済州島がその起源の地とも言われていますが、いまや韓国全土どこにでもたくさんあり見慣れたものになっています。弼雲洞のわが家の前にも、この四月に市が二本の桜の若木をぎくしゃくと植えました。

ワシントンに長く住み、かの有名なジェファーソンメモリアル前のポトマック河畔の日本から寄贈された六千余本の桜を毎春人波の中で眺めもし、桜並木で有名なわたしの住んでいた町ベデスダでは押し寄せる数多くの人々を警察が統制しもしました。それから後のある春の日、京都に行くことになりました。

京都をはじめ、奈良、飛鳥、大阪などの地が、一四〇〇年前に滅んだ百済から百済人たちが海を越

高台寺の一本桜

えてたどり着いた地だからでしょうか、どことなく親しみがあります。日本の由緒ある千年の都として付近には宮廷や寺が二千個もあるといいます。

京都で桜を見たのですが、その調和は言葉では語りつくせぬほど美しいものでした。飛行機で1時間20分しかかからないことが、長い冬が終わり春になればぜひ見にいかなければという気持ちをかきたてました。

しかし、思いは思いに過ぎず、日常を大根を切り分けるように整理することは容易でない上に、わずか何日間しかない見ごろにタイミングを合わせることはなおさら難しいことでした。いつも五分咲きだったり、散った後だったりですが、今回わたしが講演のために訪れたのは4月14日。散り初めるその姿も美しいものでした。

数多い京都の名所からいくつかを推薦したいのですが、もし一ヶ所を選ぶとすれば、わたしが泊まった旅館の前にある「高台寺」というところです。「ねねの道」という道にあり、豊臣秀吉の死後、その正室であった北政所が建立し、十七年間秀吉の菩提を弔い、自らもその生を終えた所で、庭園芸術の極致に達する京都においても、本当に美しい庭園です。

初めて訪れたときのことを忘れることができません。夜の照明に照らされた境内に入ると、静かな夜の中、数多くの人々が床に膝をついて座り、たった一本の桜の木を眺めているのでした。人々はもう何時間もそこに座っているようでした。伸びた一本の桜も、風のそよぎも、人々の端麗な姿もすべてが神秘的でした。

今春、久しぶりに再び眺めるその一本の桜の木、それを創造した手と整える手の調和は、依然として芸術の極致であると思わされました。そこに、我が先祖の息遣いが聞こえるようないくつかの慎ましやかな建物と庭園の調和、そして酷寒の長い冬を経てついに燦爛とした光と向き合う深い人間の視線までが合わさるとしたら、これをどんな語彙をもって表現できるでしょうか。
皆さまが見ごろを見逃すことのないようにと、「高台寺」のお話をさせていただきました。

一人見るには惜しく
後にするにはなおさら惜しい京都
後にするには本当に惜しい
この世

高台寺への上り道

高台寺の枯山水

花見

桜といえば、私たち韓国人は妙な気分になる。三5年間の傷が、その痛みとわだかまりとが解決されていないからだろうか。フランス、イギリス、アメリカといった西洋人たちが魅せられて見つめるのとは違う。

過去十余年に渡り京都の桜の話を何度か書いた。韓国よりも二〇日余り先に咲く桜をみて、その美しさと花を咲かせる労とに驚き、十月十日を身ごもり激しい陣痛とともに新しい命が生まれるように、一年の陣痛に耐え、わずか何日間だけのために咲くその花を見てあげなければと思い、春ごとに飛行機で一時間の距離を越え、そののたくる命を静かに眺めてきた。

しかし、今度は日本への往来四五年目にして初めて長期の滞在でもあり、お世話になっている同志社大ではハードスケジュールのためキャンパスの桜しかみれなかったので、散ってしまうことが残念で、がまんし

妙心寺の庭園に咲き広がる枝垂れ桜

きれずに見物にいった。

御所の中の品のある松の木のそばに優雅な女王のごとく咲く、天の遣わした何本かの桜、その節制と言葉にできない美しさをもつ高台寺庭園にたった一本咲く桜、向いの「寧々の道」に咲く桜の木々、清水寺へと登る石段の上に一本だけそびえ立つ巨大な傘のように丸く咲く桜がおりなす花の宇宙、夜空の星よりももっとたくさんの平安神宮の桜の天地、数十メートルの幅にわたり地面すれすれまで垂れ下がる濃紅色の「妙心寺」の枝垂桜、川堀の両側二キロにわたり長く続く優に二、三〇〇年は経つ「哲学の道」のソメイヨシノ、快速で二五分の距離にある三〇メートルの高さで自在に踊る「嵐山」の枝垂桜の森、京都の数多い春の花を何年間か訪ね歩いた経験から選んだ二十数ヶ所のうち、この春見た何ヶ所かの桜だ。

私がワシントンで日本から寄贈された四〇〇〇本の桜をみてそうだったように、たくさんの観光客たちが目に飛び込んでくるその華麗な光と眩しい美しさに驚嘆する。もし、世界に桜のオリンピックがあれば、京都の桜が当然断トツで金メダルであるに違いない。

しかし、人生を少し生きてきたこの目には、わずか何日間かを咲くだけのために長い冬の間、水を汲みあげながら、幹がすり切れ、裂けてしまう苦痛に耐えて咲くその桜は異なって見える。

さらに時間が過ぎて、落ち着いて眺める今、一六世紀に韓国を侵略した豊臣秀吉の死を弔うために夫人である寧々が建てたという高台寺の一本の桜、京都が千年の都だったころ天皇の住居だった御所の抱えきれないほど太く大きな桜の木々、それらが言葉もなく眺め、そのひとつひとつを体に刻んでいる歴史が胸に聞こえてくる。

白、ピンク、黄緑、黄色、紫、真紅の花の色とその姿にだけ見とれていたことを恥ずかしく思い、その傷だらけの太い幹に耳を寄せた。毎年増えるその魂の年輪を思い描き、私の内なる年輪を数えてみる。

気づいただけ見えるようになる。

花を咲かせることも見つめることも、人生を生きることと大きく異なることはない。

歴史の傷
その涙を星の花として咲かすのか
桜の花
その花見
枝垂れ桜の手招きに
気づけば桜の人見物

慰めのように

長い冬だった。

四月も終わろうとしているのに、なお寒気が去らない。昨年の夏、あまりの暑さに早く過ぎ去ってほしいと切に待ち焦がれたのが、この長い寒さだったというのだろうか。加えて、沈滞気味の景気と執拗なまでの北朝鮮の脅威をあおるグローバルニュース、そしてそれぞれが負うべき悩みまで考えれば、まったくこの寒気は長かったとしか言いようがない。

それだけでも私たちが花見に赴く十分な理由になるというものだ。しかし、いつも時間と心の余裕が十分でないように感じられるのはなぜだろうか。

そんなとき、ふと思い出す母の短歌

後十年生きるとしても櫻花ただ十回の花見とならむ

この短歌を詠んでから二回の花見を経て母は逝った。十回でも少ないと思わされるが、この世の桜をさらに二回見たのだ。そう。それはどうあろうと花見に行かなければならない理由となった。

京都の読者の集いに行くことにし、芸術をもってしても醸しえない高台寺のあの一本の桜木の労苦を見なければならないと思った。

ところが、行って見ると昨年は同じ時期に見られた京都の桜が、今年は一週間早く咲き、すべて散ってしまっていた。花が散り、葉だけとなってしまっていて残念だったが、数多い桜の中にはまだ私を待ってくれているものがあるかもしれないと気を持ち直した。

いつも泊まる高台寺前の旅館に部屋がなく、少し離れた古城の前に荷をほどいた。そして、まだ桜が残っていそうなところから訪ねてみたが、やはり皆散ってしまっていた。朝ごはんを買って道を渡り、古城へと引き返した。

天皇の御所はとても広く、市民にも無料公開されている。期待もせずに訪ねたのに、なんということだろう。奥深くに進みいると、いまだに一叢の桜が咲いていた。長く垂れ下がった枝垂柳のような桜、枝垂桜が風にさやさやとゆれ、さあおいでと手招いている。わあ、この深い桜色の絵の具はどこから降りてきたものだろう。

動くことのできない植物をいつも可愛そうに思っていた。しかし、その長く無数の枝でおもいきり舞う姿はまぶしいほどに自由な動きだった。

何人かの観光客が賛辞をおくった。あふれる感嘆詞が空気を伝って私の耳に聞こえ、桜をいっそう美しくする。そのうちの一本が特に目を引いた。二〇メートル余りの高さに太さも一五メートル以上、地を覆うように舞う姿は驚異的でさえあった。数百万、いや数億を超えるような濃いピンクの生命は神秘的だった。

昨年の花びらはすべてふるい落とされ、私たちは桜のことを完全に忘れたのに、桜はその生命の作業を休みなく繰り返し、今こうして私の前にその生命の光を燦爛と見せつけているのだ。この偉大な作品を見てあげなかったら、桜の気持ちはどうだろうか。

それはピンクの光の滝として、夢の綿菓子としてあふれ落ちる。暖かい眼差しを受けようと

何度も見て頭の中にたっぷりと記憶しても、しばらくすれば私たちはまた桜のことを忘れるだろう。踵をかえしてそこを出ながらも、名残惜しくて振り返ったとき、そのときになって初めて私の目に入ってきたものがある。誰もが、そして私もピンクの光の滝のごとく降り落ちる、その華麗にきらめく花びらたちだけを見つめていた。ところが、なんということだろう。花びらに隠れてよく見えないところに、花を咲かせ支える真っ黒な木の幹があった。全体が傷だらけで胴体のあちこちが裂けていた。そのようにして億万の偉大な作品を力を尽くして支え上げていた。

ああ、そうか。私たちだけに長い冬があったのではなかったのだ。ピンクの光とは全く程遠い幹のその中で、あんなにも美しい花を咲かせ、そんなにも耐え、そんなにも待ち、そんなにも犠牲になってきたのだ。不憫ながらも胸が締めつけられる偉大な姿だった。

私は走って引き返し、その桜を抱いた。誰もが恍惚としたピンク色の花びらだけを見ていた。

静かに水面に浮かぶために
休みなく足をかき続けるカモのように
そこに数知れぬ花房が
薄紅色に輝く星として咲き悠々と舞っていた
傷ついた体
土の中に足を埋め
慰めのようにそうして立っていた
さくら

写真よりも実物がはるかに美しい、空で溶かして塗ったまぶしい薄紅の絵の具の桜。その原産地は済州島。

二年坂の黄緑色の桜と母のマフラー

冬の木

ー御所

京都は世界の人々が愛する都市だ。

特に西洋人たちは西洋では味わえない京都の独特な魅力に夢中になる。

しかし、一四〇〇余年前に百済が滅ぶとともに、王族や貴族、学者など知識人たちが日本の京都、飛鳥地方に移住し、建築物とたくさんの遺跡を残しながら娟々と生きたせいか、私には京都は異国の魅力というよりも、韓国の長い歴史と魂として感じられ、行く先々でその歴史、千年の歴史の中を歩く気がする。

特に京都の春の桜と秋の紅葉は他では決して見ることのできない芸術だ。美しさを極めた照明芸術までがそれに重なり、夜景がさらに特別なものになる。ただ、期間が短いため時を逃さずに合わせるのは容易なことではない。

わずか一時間しかかからないところにある春の桜と星の花のような紅葉。帰国すれば忘れてしまうが、それを見た瞬間には、これを見なかったとしたら情熱と誠意を尽くしたその花たちも憐れだが、人はもっと憐れだと思わされる。

紅葉は韓国よりも遅くまで続き、一二月中旬でも見ることができるが、今度の訪問は年末なので、せっかく行くのにあの美しさを拝めないのかと残念な気持ちがあった。

とても小さな夢のような紅い楓の葉は散ってしまったのだから、残り時間に何を見ようかと考えたとき、昨年の春、大地に触れるが如くに垂れ下がり、億万の花を私の前で揺らめかせて踊った天皇の居所である御所の桜のことを思い出した。

あの時も時期を逃して桜の花はすべて散ってしまっていたが、散歩がてらに立ち寄った宿泊先の向かいの御所の奥深くには桜が狂い咲きしていた。それを見て書いた私の桜の話を読んだたくさんの方々が京都に行きたいと言ってくれた。あのとき滝の水のように降りそそぐ桜の木々に隠れて最初は見えなかったが、名残惜しさに振り返った時、桜の花の奥に爆ぜたような木の幹が見えて驚かされたことを思い出す。

気温も二三度とおだやかなので、冬の始まる灰色の京都でその桜に会いに出かけた。御所は東京に首都を移すまで、千年の都として栄えた京都における天皇の居所で、ソウルで私が毎日通り過ぎる家の前の景福宮よりも大きいようだ。紅葉の夜景も終わり、ひっそりと静かな広い庭を横切り、たくさんの大きな松の木を過ぎてさらに奥へ入ると、どれも似たりよったりの茶色の枝々の中に紅い楓が何本か贈り物のように隠れていた。この辺りのはずだと思いながら、特徴のない桜の枝々に目を走らせ、やっと去年の春出会ったその桜の木を見つけた。

花の咲かないときにこの木を訪ねてくる人はたぶんいないはずだ。でも私は華麗なピンク色に隠されていないむき出しのままの木の姿を見たかった。全身が爆ぜてひび割れて、ああ、世の中にこんなにも醜い木がまたとあるだろうか。

しかし、その中ではひと時の休みもなく水が汲み上げられ、色感を引き上げ、来るべき春に花を咲かすべく命が宿されている。その美しい生命の花びらを想像すると訳もなく泣けてくる。外から眺めるだけでは、耳をあててみるだけではとても想像できない。しかし、これこそは長い冬を耐えに耐え、待ちに待ってついに相まみえることになる、私たちへの光り輝く歓喜の贈り物なのだ。

犠牲となり、献身し、新しい季節に新しい作品として人々の前で光り輝くこの木のことを思い、全身全霊で力を尽くすその幹をもう一度抱きしめた。傷だらけのみすぼらしい色の幹が私の目にはただまぶしかった。

あなたも京都へ行くことがあればぜひ、御所の奥庭にあるこの木を訪ねてほしい。どのようなガイドブックにも出ていないが、わざと回り道をしながら内面の省察を経た後に、偉大な作品としてあなたの前にふいに祈りのように現れるこの木にぜひ出会ってみることだ。命の気、一四〇〇余年前の祖先たちの気が感じられるはずだ。

冬の木 - 御所 2017 2

花は散り
五色の紅葉も音もなく散り
見えない

霊験あらたかな裸身をさらし
静寂と省察の
魂が感じられる季節
その奥深い庭に二本の足を埋め
ぼろぼろのままに
独り
水を吸い上げ　命を育む音は大きく
凡人の目には醜いただの幹でしかないが
心眼が
霊眼が開かれるなら見えるはず
その眩しいまでの歓喜と切々たる祈り

春花 － 御所 2017 4

隠しておきたい京都の名所

花散れば

―高台寺

京都の数多い庭園と花の名所から一つだけを選ぶとすれば、それはたいへん難しいことだが、わたしは高台寺を選ばざるをえない。その美しさと節制美と神霊とが一つになったような静けさと深さがあるためだ。

何年か前までそのすぐ向いの力屋という旅館に泊まっていた。その横に並ぶこじんまりした商店の一つに書店があり、わたしの本を見た女主人がわたしにぜひ会いたいと旅館に手紙を遺して行った。

教養のあるその婦人は、自身が感激したわたしの詩句を詠み、向いの高台寺でボランティアもしているといい、一度行って見てくださいと入場チケットをくれた。短い旅程であり、行くところも多く、すぐ近くは後回しにしていたのだが、九〇〇円のチケットを持って長い石の階段の入口をのぼりきった丘の上に高台寺があった。

わたしたちには侵略のイメージがあるが、どん底から頂点を極め初めて日本を統一した豊臣秀吉の死後、その夫人である寧々が家を建て、彼のために一七年間祈祷をささげた場所だ。背後には東山がある。履物を脱いで中に入ると、こじんまりした砂の庭園があり、そこに桜の木が一本だけ、すでに半分の花びらを散らして高潔な佇まいを見せていた。あまりにも美しいものの前では声が出なくなるのか、誰もしゃべるものはなく、座ってその高邁な美しさに静かに見入っていた。

その後も何度か見る機会があったが、今年の春、初めてこの桜が満開に咲いた絶頂の姿を見た。依然としてそこには世界中から訪ねてきたたくさんの人々が膝を折って座っていた。わたしは花も花だが、それに見入っている人々の表情と心に魅せられた。

心が純化して表情がおだやかになり、魂が清らかになったかのような表情も作品だった。

花の季節には京都のところどころで夕方になると照明があてられ花がライトアップされる。高台寺のそれはグローバル水準の芸術だ。あるときは砂の底から湧きあがったよ

砂の上に立体的に繰り広げられる庭園

うなオブジェがあり、あるときは舞台が繰り広げられ、毎回特別な趣向が凝らされるが、今回は海を象徴する砂面の三ヶ所から映像芸術がテンポよく繰り広げられた。

フランスをはじめ、世界各国からこの芸術を学ぶために日本に来てインターンをしている青年たちも見た。

何日か後に再び訪れてみると、あきれるほど美しい花びらが空からひらひらと地に舞い落ちていた。もったいないがどうしようもない。また三六〇日を待つしかない。

しかし、信心がある。

待つこと、忍耐することは長くもどかしいが、信心と望みを持てば堅い木から奇跡のように花が咲くように、事はにわかに成され、答えが見つかる。わたしたちの心はいつの間にか暖かさで再び満たされる。祈って待つのならば

常に
事をなすのは時間
委ねるべきは人間

高台寺の花が散れば

詩人の庭園

詩仙堂

ここは今まさに晩秋、熟し切った秋そのものだ。

わたしの住んでいるところから電車で10分余り。一乗寺で降りると昔の集落の姿がそのまま残っており、狭い路地を入ると由緒のある十数の寺院と伝説の侍宮本武蔵がその下で決闘をしたという一本の松の木が現れる。そこに詩仙堂、「詩人の庭園」がある。

何年か前、偶然その名前に接したとき、胸が高鳴った。日本庭園は寺院や神社、天皇陛下と大名のものがほとんどなのに「詩人の庭園」とは。尋ねながら辿り着いたその庭園は私を失望させなかった。

竹造りの簡素な門をおして入り、竹の塀ぞいに続く石の階段をのぼると、畳の部屋が現れる。そこに入って息をこらして静かに座ると、畳の間に続く縁側が見え、襖もなく開かれた前庭を一目で見渡すことができる。こじんまりしたこの庭園になんともいえず心惹かれるのは、そこにこめられた精誠、その深い功が感じられるから。

五月の庭園は群生するつつじの花のため格別だといい、藤の花が垂れる真夏の新緑も爽やかだというが、この秋深いオレンジ色の紅葉も奥ゆかしい趣をそえる。

この庭園を直接造った石川丈山（一五八三〜一六七二）は、16歳にして既に徳川家康の側に仕える有名な武将だった。徳川家康が将軍となり大坂夏の陣に参加して赫々たる功をあげながらも浪人となり、病弱の母のため再び士官した。母の死去とともに広島から京都に上り、59歳にしてここに「詩人の庭園」を建てた。

「一芸に秀でる者は多芸に通ず」という諺の通り、武術だけでなく詩や学問にも卓越した才を示した丈山は、景観建築家としても優れ、丘の傾斜をうまく活用して変化と細心の調和をもたせた庭園は平安で美しい。2階には月をながめる小さな部屋もある。月を眺める部屋とはなんと詩的なことか。

漢詩を敬慕し、中国歴代詩人から36人を選んで三十六詩仙とし、その詩と肖像画を描かせ堂内の壁にかけた。そのため詩仙堂と呼ばれるようになった。こんなにも美しい庭園を造った詩

人が敬慕した詩であれば、その内容を知りたかったが、昔のものでもあり、美しくも流れるような書体も文字を読むことができないのが残念だった。
部屋の入り口にはイギリスのチャールズ皇太子とダイアナ妃がいつかここを訪れたときの写真がかけられている。京都の数多くの名刹をさしおき、他に比べて小さくもあるこの「詩人の庭園」をチャールズ皇太子が訪ねたのはなぜだろうか。誰かの勧めがあったのか、自ら古の東洋詩人の香りに触れたかったのかはわからないが、東洋の静かな庭園に一枚の写真によって西洋の香り一滴がしみ込んでいるのが新鮮だった。私たちは彼の現在を知っているが、彼らが彼ら自身の未来のことなど全く知らなかった若き王子と皇太子妃時代の姿をここでそっと垣間見ることになる。
詩仙堂を訪れたイギリスのチャールズ皇太子とダイアナ妃奥の襖の向いには白い砂をしいた前庭が広がり、白い砂に箒ではいた線が美しい模様を描いている。脱いだ靴をまたはいて白い砂を過ぎて何歩か下ってゆくと、小さな滝が浅い池に落ちているのが見える。その滝の音と竹の水桶に落ちる水の音とが、市内であるにもかかわらず深い山寺に来ているような静かな雰囲気を引き立てる。

1641年に造られたこの詩人の庭園は、石川丈山が30年以上手入れしながら、詩をつくり隷書と監視の大家となり、輝かしい侍としての人生を後にして、90歳まで当代最高の文筆家や芸術家を招いて静かに暮らしたところだ。

400年後にも詩人の詩心と気は彼の造った庭園に留まっているのだろうか。胸の奥深くに隠された詩的感興を呼び覚ますのにふさわしい愛すべき空間だ。この庭園だけは私だけの知る秘密の空間であってほしい。

詩でつくられた庭園で
古の静寂をきく
胸の奥深くで生まれるのをまっている
太古の美しさ

詩仙堂に訪れたイギリスのチャールズ皇太子とダイアナ妃

詩仙堂の縁側 - 2015 7

銀閣寺

金閣寺の庭園も見る価値のあることは確かだが、二つのどちらかを選ばねばならないとしたら、私ならきらめく金色よりは品があり幽玄な美しさの銀閣寺を選ぶだろう。

私は銀閣寺を好み、その庭園の気品と洗練さを愛する。春の新緑もよく、秋の紅葉も美しく、どの季節もすてきだが、何よりもベルベットのような苔に沿って銀閣寺の丘の道を登ると、木の一本一本、石のひとつひとつに込められた精誠と静けさと奥ゆかしい平安が胸の奥深くにしみてくる。

真っ白な砂で日本の象徴である富士山を演出した庭園銀閣寺の入り口のすぐ手前の左側にある小さな路地に入る。それは大きな「大」の字が描かれた大文字山に続く道で、1時間ほどで登りきれる。わたしの部屋の前の鴨川からいつも眺められるその山に登りたくて、道を聞き聞き三度行ったが、上りの道もよく、しっとりと汗に濡れながらついに頂上にいたると、一二〇万の人口に比べかなり大きく、よく整った涼やかな京都の市街地を見下ろすことができる。

銀閣寺の入り口にある背の高い椿並木

京都は盆地なので真夏には40度も超えるほどだが、四方を山に囲まれているせいか、それほど暑苦しいという印象はない。

私は故郷であるソウルを自慢するたびに、こんなにも山がたくさんある大都市は他にない、東京、ニューヨーク、ワシントン、パリ、ローマ、ロンドンを見よ、どこにこんな山があるかと言ってきた。京都のこの山の上に登ると、都市全体が完全に山に囲まれていることがわかる。ソウルのような山をもつ都市は世界にないという言葉は二度と口にできない。

京都にわずか2、3日の予定で旅行に行くという人に尋ねられても、私の推薦リストから銀閣寺がもれることはない。ついでに足を延ばしてその後ろにある大文字山も登ってみれば、錦上花を添えるとはこのことだろう。

真っ白な砂で日本の象徴である富士山を演出した庭園

国宝観音殿を配した池と庭園

真冬でも眩しい緑色のベルベットのような苔

銀閣寺 本堂 - 2016

青蓮院門跡

京都はあらかた訪ねまわったせいで、めったなことでは感嘆しないが、今度初めて訪ねたところで、あっと驚かされた場所が二ヶ所ある。嵐山の宝厳院と市内の中心地にある青蓮院だ。

地下鉄の中の小さなポスターに青蓮院の「大きな木の下に立って」という文章があった。幼い少女の頃、驚き仰ぎ見た大きな木、その木を大人になって訪ね、その下に立ってあの頃の少女に戻り、再び力を与えられるという印象的な文章だ。その木を見たくなった。

青蓮院は日本の寺院のうち大門が最も大きいという「知恩院」のすぐ左にあった。日本自体がそうだが、京都だけに限っても、見ても見ても知っても知ってもタマネギの皮をむくように終わりがない。

とても大きな樹齢900年という木がそびえていた。クスノキだという。その雄大さには驚かずにはいられない。大門の前に立つ4本と庭園の中の1本の5本が天然記念物だ。

1788年、京都御所の火災により、仮御所として使われた青蓮院の大門には「青蓮院門跡」と書かれている。「門跡」とは皇族や貴族が住職をつとめる寺院のことで、天皇家とも深い関係のある特別な場所である。

中に入ると別宇宙のようだ。畳部屋にあがり、左前方の角に静かに座って眺める両面の情景は語る言葉がない。美しさも極まると静まりかえるのか、誰もが感嘆するのも忘れて、ただ紅葉の光に魅入り、太古の晩秋をそのまま享受している。

戸のない縁側を出て、その前に広がる高低の坂と五色の紅葉、そして鬱蒼とした竹藪の調和を言葉なく眺める。ふと見るとかたわらではアメリカ人男性が動画撮影をしていた。その注意深い手の動きは、Ｂｅａｕｔｉｆｕｌ、Ｉｎｃｒｅｄｉｂｌｅというどのような表現よりも繊細な表現に見えた。

外国人として私はこの文化にただただ共感する。

一五〇〇年以上前、韓国が初めて日本に多くの文化を伝えた。ずっと下って韓国が門戸を閉ざし鎖国政策をとったとき、日本はその150年も前から西洋文化を取り入れていたが、それを日本化して自身のものとし、西洋は高度の文明であるにもかかわらず、自分たちには何か不足しているものをむしろ日本に求めた。韓国が伝え、教えたにもかかわらず西洋人にとって東洋とは日本だった。

ちょうどライトアップの終了日だったので、外に出て道向かいにある喫茶店で1時間半ほど時間をつぶした。私の知らないうちに長い列ができていた。暗くなって再び中に入ると、案内人がわたしが昼座ったその部屋は、天皇が来て短歌をつくった部屋であると教えてくれた。短歌を翻訳し、その真似事もするものとして、何の説明がなくともそのような感じを受け止めていたことに、短歌を日本に伝えた韓国の先祖たちの後裔として胸がいっぱいになった。

そこには36首の短歌の額がかかっている。韓国唯一の短歌歌人として一九九八年、天皇が自作朗誦する短歌を拝聴する催しにその道の大家として招請された母が、昔の天皇が詠んだこの短歌を見たら何と言うだろうか。生前母からその教育を受けなかったことが残念でならない。

いつかアメリカ留学中に弼雲洞の母の家に帰省したとき、丸いお膳に座った母が、老いたとはいえ女は女といった趣旨の短歌「紫のブラジャー胸にあてがってみる 八十路迎えし吾れへのお洒落に」を詠み、恥らいながら自らのユーモアを娘に向かって投げかけてきたことがあったが、わたしはといえば腕時計を気にしながら「わたし、約束あるから行くね」と言って取りあわなかった。二度ほどそんなことがあった。すると母はいつも忙しいというばかりの娘は、母親の短歌はもちろん文学にさえ関心がないらしいと考えたのか、その後二度と短歌の話はしなくなった。

母が突然死に、その心を少しでもたどろうと「孫戸妍歌集」4冊を翻訳して出し、私の詩集だけでも5冊が出た。母が生きていたなら想像もできないことだ。

小宇宙のような美しい庭園と作家の肖像画をそえた短歌の額を眺め、天皇が短歌を詠んだという部屋に座り、純粋で美しい詩心をもった母のことを思った。日本人が母を愛したのは短歌というよりは、行間に隠されたその詩心を読み取ったからだろう。

京都を訪ねる人々にとって青蓮院門跡は驚きそのものであるだろう。

ふかみゆく秋の山路を窓越しに眺めていれば額絵の如し

孫戸妍

疊の部屋から見える奥深い庭園

青蓮院前の樹齢900年の樟の巨木

天皇が短歌を詠んだという部屋から見える色とりどりの紅葉

隠しておきたい名所

ー秋の女王、宝厳院

ロッテ観光の企画である「李承信詩人と旅立つ京都感性文学紀行」で3日間京都へ行って来た。

ちょうど千年の古都京都の紅葉の絶頂期だが、韓国の海外旅行としては最も閑散期にあたるので集まったのは10人だった。移動にはちょうどよい人数だった。私の役目は「京都と文学」という講演だけだったが、組まれたスケジュールを見ると、少し不備な点のあるスケジュールだった。

観光にも格がある。詩人と同行する旅行を選ぶような方たちであれば、旅行が初めてのはずはなく、見識と水準があるはずだ。

京都の寺院にはどこも世界から観光客が押し寄せるが、一年で最も観光客が多いシーズンはやはり晩秋の紅葉の頃だ。京都市の人口は140万人を少し超える程度だが、日本人も含めて1年に5600万人が訪れる。特に最近は中国人がうわさを聞いて来るので、ホテルの確保もままならない状

態だ。

季節によって行くべきところを多少知っている私は、既存の日程をやめ、時間的にちょっと無理があるが、12ヵ所を選んだ。祇園の白川、青蓮院、高台寺、圓徳院、三年坂、清水寺、詩仙堂、圓光寺、北野天満宮、嵐山の竹林、野宮、宝厳院。京都に宿がなく、そこから一時間ほどの距離の、日本で最も大きな湖で観光客もたくさん訪れる琵琶湖畔に宿をとることになったが、琵琶湖まで見ることができる上、温泉旅館でもあったので好都合だ。

既に何度か京都に来たことがある方も、行く先々でここは初めてだと言い、20余年のガイド経験もある方も、全部初めて見聞きするところだと言った。幸い、昔私自身が初めて見て驚き感激した時のように、一行も生涯忘れられないといって感激してくれた。

京都は再び訪れたくなる妙な魅力がある。

千年を超えて首都であった京都を巡るのに3日はあまりにも短いが、ちょど紅葉の季節なので紅葉の美しさを基準に選んだ。皆われを忘れて魅入っていた。全て見終わった後に、どこが一番気に入ったかと尋ねると、たくさんの方が青蓮院を1位に選んだ。その品位と美しさから当然ともいえるが、その神秘性と恍惚感では嵐山の宝厳院だろう。

嵐山は京都市内から約30分ほどの距離にあり、桂川の流れる美しい場所だ。古の貴族たちの別荘があり、超一流ホテルと食事処、にぎやかな土産物屋が並んでいる。また、有名な天竜寺という大きな寺があるが、宝厳院はそのすぐ横に宝物のように隠された庭園で、一年に一度、この紅葉の季節にのみ公開される。

同志社大学に通っていたころは時間もなかったが、バスと電車を三回も乗り換えなければならないので来れなかったが、昨年１２月、嵐山を眺めながら散歩をした。長い列があるので、ずいぶん待ってから後に続いて入ってみると、こんな秘境がまたとあるだろうかと思わされるほど恍惚とした景観だ。

宝厳院の入り口 – 嵐山 2016 12

数多くの楓の木は全て品位があり、木立の合間を細い流れがはしり厚いベルベットのような黄緑色の苔が目に眩しい。どこからどう眺めても美であり驚愕そのものだ。小さな流れにかけられた１メートルほどの橋を渡ると、宝厳院の象徴である苔むした獅子岩がある。他の大きな庭園に比べればこじんまりとした庭園だが、レースのように地面にふりかかる紅葉が風に舞い、足の向かう先々でその愛らしさに目を奪われる。
初めて訪れた昨年には、夜のライトアップまで続けて三度も行き、夢の中にいるような情景に身を任せもした。一行の反応が小さいので「私が千年もかけて植え育てこうなるように努力してきたんですが、いかが」と戯れると、「もう一度見てはいけませんか」という。その一言で感激していることが分った。

あきれるほど美しい五色の紅葉は散るだろうが、目と胸に刻まれたその情景は長く忘れることはできないだろう。

私たちの観光水準もいまや食べて寝て表面的に見てまわるだけの水準から脱し、歴史と文化の息吹を感じる水準にまで引き上げるべきときだ。

短い時間ではあったが、歴史の深い京都の地肌を窺えたのは幸運だった。

嵐山
宝厳院の太古の秋の光景　その悟りを胸に刻む
初恋のように

樹齢五百年の楓の木から散り落ちた紅い葉と苔むした獅子岩

吾れ唯だ足るを知る

─ 龍安寺

龍安寺は伝説だ。

京都が好きで研究する人々は世界中にいるが、彼らに京都のさまざまな名所のうち第一の名所はと問えば、しばらく悩んだあげく、「龍安寺」と答えることが多い。それほど「龍安寺」は有名で広く愛されている。西洋人は龍安寺が殊に好きだ。そのせいか、いつ立ち寄ってもそこにはフランス人をはじめヨーロッパ人がたくさん目につく。

その天を突く名声の理由はさまざまだ。一四五〇年ごろ建てられた代表的な禅宗の寺刹として世界文化遺産であり、その規模も大きく、方丈の入り口を入ってすぐに陶淵明の長詩「飲酒歌」の書の屏風が広がり、部屋の規模やその内部の扉に描かれた絵画の水準も素晴らしい。何よりも部屋の前の長い縁側から見渡す広々とした石庭、枯山水が最も

龍安寺の石庭の枯山水

有名だ。

その名声は特に西洋の先進国に鳴り響いている。わたしたちは同じ東洋圏として多少慣れ親しんだ面があるが、彼らは極度に発達した彼らの精神文明に何か足りないものを、日本の精神文化の中に見出し、それが目に見える造形として表わされたものこそが龍安寺の石庭であり、その静けさ、清潔さ、単純さ、限りない霊性の美しさだった。その石庭に刺激された西洋の思想家、文学者、芸術家、建築家は数知れないほど多い。龍安寺はそのようにして伝説になった。

東西に2五メートル、南北に一〇メートルの枯山水の石庭は、白砂と石だけからなる日本固有の禅宗の寺刹の庭園で、全宇宙と海と陸地とを意味している。それに関する深い思想と研究は多いが、陸地と島を意味する砂の上のそこかしこに一五個の石が置かれているのに、小さい石がいくつか大きな石に隠れて一三―一四個にしか見えないなどということも話題になっている。私も面白半分で数えてみたことがあるが、いつも数が足りなかったのに、今年の春何度か試みて、やっと全部を数えることができた。そんな他愛もないことがかえって深奥なる意味の世界を妨げているという批評もある。

枯山水の後ろに長く見渡せる土塀の自然で調和に満ちた色調も美しいことで有名だ。ずっと昔その土に油を厚く塗ったことが歳月を経て層となり積もり、その独特なブラウンを産み出した。屋根付のその塀越しに咲く一本の枝垂桜は、記念品を売る売台の上の大きなポスターで見ると並外れて素晴らしいが、何度訪れてもお目にかかれない。他はどこも満開になる4月一〇日のこの春にも、塀

手を洗い口を清める銅銭形のつくばい 五＋口＝吾、口＋隹＝唯、

口＋⻊＝足、矢＋口＝知

の後ろに突き出たその桜の木だけはいっこうに花の蕾を開こうとせず、残念だった。

方丈に沿ってめぐる四角形の長い縁側を一回りすると、その後ろ側に日本で最も樹齢が長いという椿の木があり、その横にある額に「朝鮮伝来」と書かれている。たくさんの建築と遺物は古代の百済と高句麗から来たものか、そこから来た人々が作ったものだが、最近それを中国から来た

陶淵明の‘飲酒歌’の屏風

龍安寺方丈の部屋と襖絵

かのように書き換えられたものを見て心がざわついた。この椿の木には「朝鮮伝来の最も古い椿」と書かれているので嬉しく、いじらしくさえある。

春に龍安寺の門を入ると、頭上に花開く竹で支えられた枝垂桜がレースのトンネルのようで、濃いピンクの桃の花をはじめ、たくさんの木があるが、日本の寺刹らしく楓の木が最も多く、秋にその楓が赤く色づく美しい姿は必見だ。

龍安寺には宝物や遺物が多すぎて、紅葉の名所だとはついぞ聞いたこともなかったので、他に見るべきものも多い秋にそこまで足を延ばすことはなかったが、同志社大学の秋学期の試験が終わって、ふと「龍安寺の秋の景色はどんなものだろう」と思い立ち、そのままバスに乗った。一二月中旬、大門の前から紅葉の葉がひらひらと舞い落ちるその姿は眩しくえもいえない品があった。

広々とした庭園に鏡容池という大きな池がある。日本のどのお寺でも飲食店を見かけたことはないが、龍安寺ではその池にそった道を歩くと寺刹式豆腐料理の店があり、四季折々の庭園の情緒を前後の窓に見下ろしながら味わうその淡白な味は清廉だ。

ここは二〇一一年一二月、李明博大統領と日本の野田佳彦首相が日韓首脳会談の後に訪れたところでもある。

会談は歴史論争となって中途半端に終わり、そのころからひびが入り始めた日韓関係が今に至っているが、堅苦しくぴりぴりとした政治的な首脳会談の後に訪れる場所として、日本が首都東京ではなく京都の数ある名所の中から、自由で深みがあり優しさのあふれる場所をと、苦心して選んだ場所がここだったはずだ。訪れるたびに隣国として二千年の縁と葛藤を有する両国の首脳が何を語り、思いながらこの広い庭を歩いたものかと気にかかる。

そんないろいろなストーリーのある龍安寺だが、最近そこで悟らされた文句が胸をつく。人々に混じって座り縁側から大きな石庭を眺めた後、立ち上がって扉が開け広げられた方丈の芸術作品を眺めつつ縁側に沿ってその後ろに回った。人工的な装いの前方とは異なり、自然そのままの森があり、左側の庭には昔の銅銭のような形をした石に細い竹筒から水が落ちているのが見える。何度か見たことがあるが、つくばい(蹲踞)という茶室に入る前に手を洗い、口を清めるものだそうで、いつもはそういうものかと通り過ぎていた。ところが最近、その前に人だかりができているのを見て、私も足を止めしげしげと眺めることになった。

銅銭のように円い形をした石盤の真ん中に深く四角形の穴が穿たれ、そこに水が落ちるようになっている。ところでよく見ると真ん中の四角形の穴を囲って東西南北の位置に漢字の「五、隹、矢、止」が配されている。真ん中の四角い穴を「口」として組合わせると、「吾唯知足」という言葉になる。「吾れ唯だ足るを知る」。無欲、無所有、謙遜、へりくだりを意味する釈迦の最後の教えである遺教経の「知足の人は地上に臥すといえども、安楽なりとなす。不知足の者は富むといえども貧し」に由来する言葉だ。この悟りを四字熟語として、真ん中にあけた四角の穴を「口」と見立てて読ませる知恵と発想には驚くばかりだ。

大きな龍安寺はその中に自然、建築、庭園、絵画等の芸術作品の美など見どころが多いのに、それを短時間で見学しようとするので心焦るばかりだった。方丈の裏側にあるつくばいに刻まれた一言の悟りに心は落ち着きを取り戻し、龍安寺全体をそれまでとは違った目で眺めるようになった。

この寸鉄の教えがどうして眺めるだけのものであるはずがあろうか、私たちの人生のそこかしこに見られる姿そのものだ。

あ、石庭が笑ってる、春の龍安寺

眞夏の龍安寺の石庭 － 2015 7

ねねの圓徳院

京都の魅力と歴史、伝統が薫る道のひとつが「ねねの道」だ。祇園に近い東山にある比較的短い道だが、古い石が敷かれた愛らしい道で、その道はいつも世界からきた観光客でにぎわっている。花の季節にはその道にそって桜が咲いて美しく、そこから韓国でいえば仏国寺ともいうべき観光客であれば誰もが訪ねる清水寺へ向かう二年坂、三年坂に続く。道の両脇に茶店やあれこれと可愛らしい店が並んでいるが、ここに世界中から観光客が訪れる理由は、何といっても豊臣秀吉の菩提寺である高台寺があるからだ。

高台寺は正確に言えば、豊臣秀吉の死後、その正室だった夫人が亡夫の菩提を弔うために建てた庭のある寺院だ。豊臣秀吉がそこに住んでいたかのように言う人もあるが、豊臣秀吉がそこに住んだことはない。日本の歴史を少しでもかじったことのある人であれば豊臣秀吉の名声を知っているはずであり、諸堂と丘をうまく活用した美しい庭園をもつ京都の由緒ある名所なので世界中から観光客が訪れる。

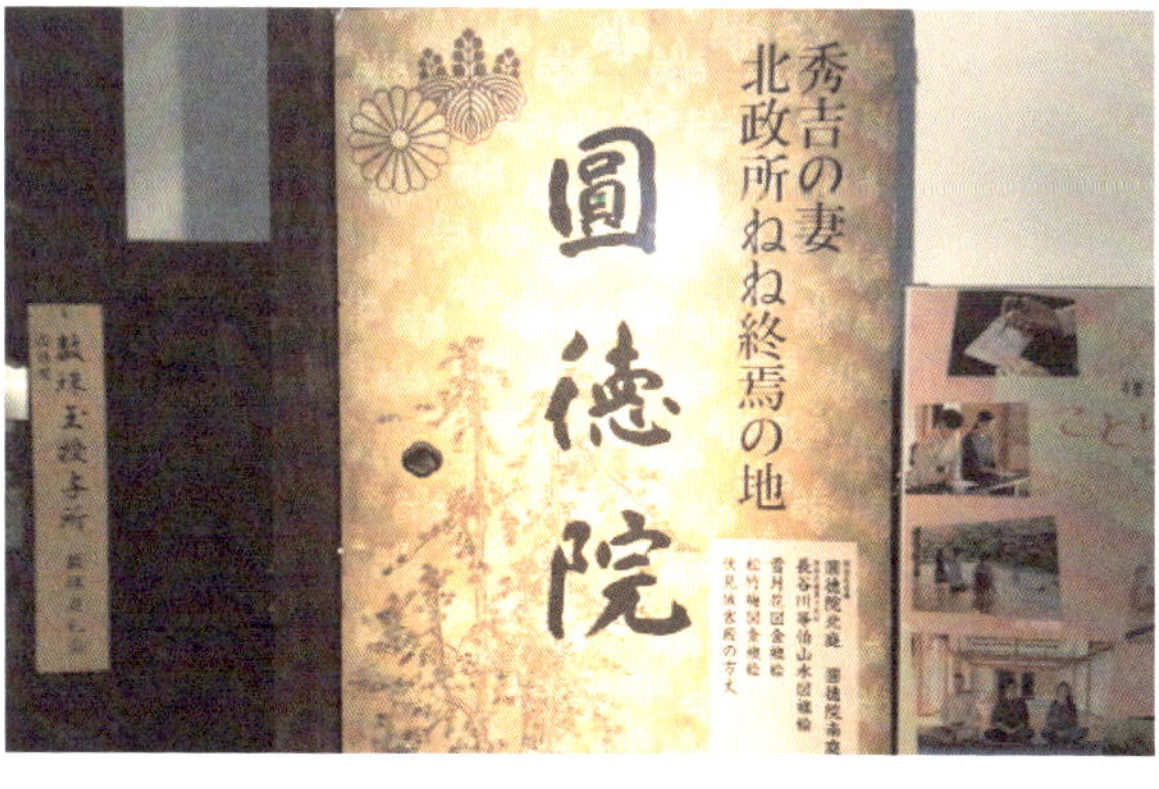

この寺院を建てた正室の名前が「ねね」なので、その名にちなんで「ねねの道」と呼ばれている。昨年からはその道の脇に豊臣秀吉夫妻がカラフルに描かれた風刺画のポスターが貼られているが、そこには「世界初の女性建築家ねね」と書かれている。１６世紀初め、これだけの規模の寺院と庭園を造成した女性だけに、あながち誤った表現でもないだろう。

ねねの道

その道の向い、高台寺の真向いに規模では比較にならないほど小さく慎ましい圓徳院がある。ねねがその晩年を過ごした高台寺の塔頭のひとつだ。高台寺への入場料は六〇〇円、ねねの棲家であった圓徳院と美術館までを含めると九〇〇円に割引になる。京都は見どころも多くスケジュールの都合もあって圓徳院に寄らない人もいるが、私は割引チケットをもって必ず両方とも立ち寄って観るようしている。

それは初めて圓徳院に訪れたときのことだ。一五九二年に朝鮮を侵略した豊臣秀吉だが、亡夫のために祈るねねの真心はけなげだ。あれは一一月の終わりごろだったろうか、高台寺の広い庭園を歩きすみずみまでそのディテールに感嘆した後、手にしたチケットにその名があったのですぐ前にある圓徳院にも入った。すでにたくさんの庭園に見慣れていたので、入り口にあるこじんまりした枯山水の庭園をちらっと見て狭い廊下をわたり、古い畳の部屋を急ぎ足で過ぎた。そこから少し行くと最後に縁側のある広々とした畳の部屋にいたるのだが、ああ、そのとき目にした中庭の赤い紅葉が夜の照明に照らされた光景ときたら、まさに神秘そのものだった。息が止まってしまうかと思った。塀のすぐ外は世界中から訪れた数知れない観光客たちがひしめき歩くねねの道なのに、塀の中ではわずか何本かの木と岩の小さな庭園が太古の静けさを深く呼び覚ましていた。その場にしばらく座っていた。塀の外に向いの藍色の夜空を背景に高台寺の木の葉が見えた。

かの有名な高台寺の庭園を見て、チケットのすみに書いてあった脇役の建物をおまけに見るくらいのつもりで、何の期待もしていなかったからかもしれないが、それ以降、高台寺を出るとそのときの驚きが忘れられず、足は自然と圓徳院に向かうようになった。目で見ていないものを想像することは難しい。他の寺院を一緒にまわった方に圓徳院で見た光景を説明しても何のことやらという顔なので、一一月末ごろその目で確かめることを勧めた。

短歌歌人の肖像画と短歌一首をそえた三六個の額がかかっている小さな部屋もとても印象的だ。いつか皇居に火が出たとき天皇が何日かを過ごし

たという青蓮院と歌人の庭園といわれる詩仙堂にも三六歌仙の肖像画と詩がそえられた額があるのを見たが、どのような遺跡よりも人間の心の核心を表現した詩を残すことのほうが、後々最も尊い遺物になるだろうと思う。

屏風のようにめぐらされた緩やかな稜線の東山を背景とする明るい場所に高台寺と圓徳院を建て、一七年間祈り続け世を去ったねねの痕跡を見ると、彼女が品格のある女性詩人であり、芸術家であり、建築家だったことが分る。

ねねは千年の首都京都の最も魅力的な道にその名を残し、世界中から訪れる観光客たちはねねの歩いたその石の道を歩きながら、その名を胸にきざみ、四〇〇年もの昔愛したひとりの男のために優れた建築と庭園を捧げて祈った女性を自然と思い浮かべることになる。

36人の短歌と歌人の肖像画の額がかけられた畳部屋

圓徳院の中庭

鴨川

鴨川を歩きながら

京都にあるせまい私の部屋を出てすぐに川がある。鴨川だ。3月に京都に来て以来、私が一番よく歩く場所だ。

京都に何日か泊まることがあっても、鴨川には一度も来たことがなかった。人口一五〇万ほどのこの静かな都市を一年に訪れる観光客が六千万人。それだけ世界有数の観光都市であり、見るべきところも多いので、いつも鴨川まで見る余裕がなかった。車で橋を渡りながらちらっと見下ろす程度だった。

ところが、学期前に来て契約した大学まで歩いて通える部屋のすぐ横が鴨川だった。

鴨川は有名な文人の作品の中にも登場する。同志社大学のキャンパスに建てられた鄭芝溶詩人の詩碑に、彼の代表作の一つ「鴨川十里の野原に」が日韓両国語で刻まれている。

三二キロに及び十幾つかの橋がかかり、川にそって都心に向かってずっと下って行く大きな路の名前は、日本に初のノーベル文学賞をもたらした川端康成の名にちなんだ川端通りだ。

川といっても漢江に慣れた者には小川のように見え、こじんまりとしていて、狭いところは清渓川ほどしかなく、広いといってもその2、3倍でしかない。一方は 賀茂川、もう一方は高野川と呼ばれる二つの川が、私の部屋から近くのところで一つに合わさり、長く下ってゆく。川は市内を流れているのに、まるで田舎そのもののように土手と野草と石ころの風景が広がり、私が来たときには両側数キロに渡って植えられた桜が蕾をつけていたが、すぐに一斉に咲いて寒い国から来た私を暖かな光で迎えてくれた。

そのピンク色の花びらが散ると、黄色い柚子の花が水辺に群れて咲き、そのあとを追って紫色のクローバーが、そして今は薄緑の丈高い野草と白い梔子の花が美しく群れなしている。聞いたところでは、鴨川の堰堤は千年前に遡る世界初の土木工事だという。二つの川の合流地点はとても自然に装われていて、適当な距離ごとに一メートルの段差をもって水が涼やかに流れ落ち、その音が耳を楽しませてくれる。遠くに目をこらすと、東洋の絵に出てくるような幾重にもつらなる山がうっすらと見える。

千年という言葉を聞き、なんだ六六〇年に戦争に敗れ死から逃れてこの地に来たという百済人たちが作ったものか、という思いがよぎったが、そうした自慢も今となってはしぼんでしまう。千年を超えて維持管理につとめ発展させてきた功労のほうがずっと大きいと感じるからだ。

その川をほとんど毎日歩いているのだ。

韓国では毎日、弼雲洞の路地と家のすぐ裏の培花女子高の校庭、社稷公園と景福宮の塀に沿って

歩き、少し遠出して清渓川までいくこともあった。

築三〇〇年を越える韓屋は眺めるにはいいが寒くて不便なので、世界の先端をいく新感覚の父はもう便利な洋式家屋に移ろうといい、母は詩を書き愛の思い出も多い韓屋の家を去るのを惜しんだ。皆が江南へ引っ越し、不動産価格が暴落し、私たちが住んでいた韓屋も道路拡張のあおりをうけて半ば削られてしまっても、母は亡き父との愛を胸に秘めてその家を数十年間守った。その役割を私が受け継いだのだ。誰の所有かとい

うよりも、両親の魂と精神が生きている空間だと考えた。

水が漏れ、どこかが破れ、いたるところ修理をしない日はなく、維持管理や補修にかかる税金に苦しめられる毎日を送りながら、ある夜、培花女子高の運動場を一人で歩きもした。

こんな孝行娘はいないと言ってくる人もなくはない。臨終を迎えた母ガエルが自分の言うことをきかない子ガエルに、「反対のことを言えばまともなことをするだろう」と考え、亡骸は川辺に埋めるように遺言したところ、母親の死に正気にもどった子ガエルは初めてその言葉通りに川辺に埋めたはいいが、流されてしまいはしないかとその横で墓を守りながらケロケロと鳴いているという昔話が思い出されもする。

肩の重い荷をおろし、少し休もうかと思ったはずが、気がつけば同志社大学でたくさんの勉強に追われ、終日兢々としたあげく、ようやく夜になって一息つき、鴨川の長い川土手を歩く。

生きるためには水が必要なので、地球上のどの都市も川を抱いているが、私たちの心を撫でさすり、魂を和めるのに水ほどの自然はない。

鴨川という名前にふさわしく、そこには鴨たちが遊んでいる。どの国どの川でも鴨は必ずつがいで行動するのが不思議だ。

そうかと思うと、私が歩き始める浅い水辺にはきれいなタンチョウ鶴一羽が佇んでおり、そこから約三〇〇メートルほど歩いたところに、もう一羽が優雅に佇んでいるので、もしや離れ離れになってお互いを探しているのではなかろうか、どうにかして知らせてやる方法はないかと、見かけるたびに気が気でない。

デートする相手ができたら、「京都で恋人と一緒に来たいところ」一位が鴨川だとも聞いた。

いつかここを去ることになっても、いつまでも忘れられない風景だ。

二つの川が一つに出会う地点の鴨川 - 2016 6

枕の下に川は流れ

ー白川

普通旅行先ではガイドブックを見て歩きまわるものだが、私は足の赴くままに見てまわり、魅力があったり独特な感動に心が引き寄せられると、胸にきざんで再び訪れることにしている。

何年か前に京都に行ったとき、一日タクシーに乗り、運転手さんの案内に任せてみようと思いついた。世界のどの国のタクシーサービスも比べものにならないほど親切なことで有名なのが日本のタクシーだ。とりわけ京都のMKタクシーは礼儀と親切でその名声が轟いているが、オーナーは韓国人だ。ちょど教養があって物知りそうな顔つきのMKタクシーの運転手さんと出会ったので、運転手さんが私に見せたいところに連れて行ってほしいと頼んだ。運転手さんはそれらしい解説を交えながら何ヶ所かに連れて行ってくれたが、そのうちの一ヶ所が小さい規模のものだけれどとても気に入った。

ガイドブックにも見当たらず、誰からも聞いたことのないところだ。京都が見どころだらけのせいだろうが、祇園の真ん中なのに私としては初めての場所だ。

京都を代表する町で、昔のおもかげをよく残している祇園。たくさんある路地の小さな一本に入ると、由緒ありそうな居酒屋と狭くて浅い川、白川がある。静かな流れにそって古い茶店と飲食店が並んでおり、歴史の重みを感じさせながらも魅力的で独特な地域だ。道沿いに桜と柳の木が立ち、幅三メートルあるかないかの浅い川に沿って歩くと、川向こうにロマンチックな飲食店が見え、窓越しに動いている料理人たちの姿に心が暖かくなる。

西洋人がこうした場所に惚れこんでしまうのは、彼らとは全く異なる東洋的な雰囲気と昔の姿がそのまま残されているからだろう。東洋から来た私も似ているようで異なる、しかも韓国でいえば明洞のような繁華街に、昔の雰囲気を千余年の間そのまま受け継いできていることに驚きを隠しえない。言葉では易しいがこのように維持することは並大抵のことではないからだ。

聞いた話では、第二次世界大戦のおり、米軍が空襲をしかけてきたが、空から見た光景があまりに美しくて、とても壊すことができず、この地域を過ぎ去ったという。これもアメリカだったからそうできたという気もする。実にいい話だ。

運転手さんが教えてくれた茶店に入り、何百年も前の香りがたつ席にすわると、右側に床まで下りた昔風の格子窓の隙間から、白川の流れに佇む白い丹頂鶴が見える。

白川の流れに沿って再び歩いていくと、桜の木の下に短歌を刻んだ歌碑があった。川の向こう岸は今では飲食店が軒を連ねているが、昔はこの狭い川に旅籠がかかっていたという。祇園は昔遊郭のあったところなので、宿屋や旅館があったはずだが、誰よりも祇園を愛した歌人の吉井勇の短歌一首が横たえられた石に刻まれている。

毎年一一月八日には、この歌碑の前で「かにかくに祭」が開かれ、祇園の芸妓さんたちが何本かの菊を歌碑に捧げる。祇園の人々が我が町をいとおしむ限りない心の表現だ。

初めてそこを訪れたのは　六月だったが、その後同志社大学に通うことになり、三月末に桜が咲く頃の白川で見た桜の木のことを思い出してバスに飛び乗った。祇園大路に出る路地はたくさんあるので、ひとしきりあちこち出たり入ったりしながら、居酒屋がひしめく通りを過ぎて川に出ると、その角の家の塀に垂れ下がる枝垂桜が魅惑的な手招きで私を引き寄せた。

川にかかった小さな橋から前後に眺める枝垂桜は言葉の要らない芸術だ。水と橋、淡いピンクの花をつけた枝と黄緑色の新芽が萌える枝垂桜、その隙間から見える黄色い照明の茶店と飲食店、そして写真撮影に余念のない世界各国から押し寄せてきた人々でいっぱいだ。京都にはたくさん来ながらも、私だけが初めて見る祇園白川の流れに伸びる桜だ。

紫陽花の咲く六月とはまた別の風景だ。ちょうど写真を撮ってほしいという外国の母子連れは、私が長く住んだワシントンからの観光客だった。夢の中にいるようだと言った。美しさに心まで溶けてしまったせいか、ワシントンに来たらいつでも我が家に泊まってほしいという。

春の白川は魅力的な要素だらけだ。美しくてため息が出る。

そこにはどんな文化遺産よりも力のある歌人のセクシーな短歌一首が刻まれた歌碑が横たわっている。

かにかくに祇園はこひし寝るときも枕の下を水のながるる

吉井勇

吉井勇の恋の短歌詩碑

吾行く道を吾は行くなり

哲学の道

重みのある名前だ。「哲学の道」。

入り口の岩にそう刻まれている。

銀閣寺の辺りから始まり、永観堂までの琵琶湖疎水に沿って続く道はほぼ二キロ。この散策路を左側に流れる疎水とその背後の森、右側のかわいらしい商店を眺めながら、急ぐことなく歩くと約五〇分かかる。

日本の哲学者西田幾多郎が好んで散策したことから、その名がついたということだが、京都に訪れたほどんどの人が一度は立ち寄るところだ。

勉強のために京都に来た当初は、部屋から銀閣寺へ行く方向がわからずタクシーに乗ったが、なんのことはない、部屋のある路地を出て左にずっと約三〇分ほど歩けば、哲学の道に

出る。バスに乗っても近い距離だ。

私はひまを持て余すとよくこの道を歩いた。いや、思ったよりも勉強が大変で持て余すようなひまもなかったので、淋しくなるとよく歩いたという方が正解だ。

春、樹齢200年以上の桜が疎水に沿って長くその両側に咲くが、水面にまで垂れた可憐な花はほんとうに愛らしい。夏も秋も、また京都の真冬に一度は降るという牡丹雪の日ともなると見るのも惜しかった。

ホタルの生息地でもあり、5、6月にはホタルが繁殖するという寺の標識もあるが、私がその寺に行っていないせいか、今ではいなくなってしまったのか、これまで目にする機会はなかった。
入り口から左側にのびた路地は、かの有名な観光地である銀閣寺に続く道で、お店が仲睦まじく並んでいるが、ご飯が特においしいことで有名なお店で、ほどよく硬めのごはんと焼き鮭一切れとおかずを少し包んでもらって、右側の哲学の道を歩き始める。
ほとんど毎年春には「哲学の道」に咲き誇る桜を眺めながら歩くが、いつ見ても見飽きることはない。永い冬を耐え忍んで眺めるからだろうか、この春にも「希望があるよ」と淡いピンク色のメッセージを手をふりながら伝えてくれる。

花を見、水を見、人を見ながらしばらく歩くと、途中に見目のよい丸い碑石がある。この道を歩いたという哲学者西田幾多郎の詩「人は人、吾はわれ也、とにかくに吾行く道を吾は行くなり」が刻まれている。

さらに歩くと、今度は左側に鬱蒼とした森が現れ、数十メートルの高さの木々が隙間なく立ち並んでいるが、なんとなく空気の味も変わり、霊験とした雰囲気に足を止めることになる。何年もの間花と水に視線を奪われ気づかなかった。水に接する大きな深い森を今初めて見るかのようだ。年ごとに見る目はこんなにも変るものなのだなあと、われながら驚く。

世界各国から来た人々とともに狭い散策路を歩くと、互いに目が合うこともあるが、そんなときは互いの心を分かり合っているかのように明るく笑う。互いに異なる言語をあえて翻訳しなくともテーマを互いに理解する。途中途中名も知らぬ黄色い花や紫色の花が足元に咲いており、二、三メートル幅の狭い疎水には、腕よりも太い

よーじや カフェ前

真っ黒な魚の姿も見える。小さな橋を渡ると左側に伸びた路地には茶店や陶磁器の店があり、その路地に入ってみると森の中に古い寺刹が隠れている。

五〇分ほど歩くと疎水の終わりにさしかかる。左にのぼると同志社大学を建てた新島襄とその妻八重の墓があるという標識があり、さらに行くと永観堂と南禅寺にいたる。規模の大きなその有名な二つの建物に入り一通り見学して出れば、とても長かった散策も終る。

時間に余裕があり、このコースを最後まで辿ることができれば、それは幸運だ。

千年前、数百年前に立てられた建築と、機具もろくになかった頃にそれを苦労して建てた人々の人生と苦悩、そしてそれを千年もの間伝えてきた偉大な精神と、私たちが今を生きる現世、そしてこの現世を次の世代につなぎ渡してゆかねばならないこれからのことを、「哲学の道」にふさわしく思い悩みながら歩くと、周囲の自然、水や花や風、かさっという木の葉の音すらメッセージであるかのように聞こえてくる。それが日暮れ時なら、竹やぶの揺れる音とともに空を染める夕焼けも眺めることができる。

沿道の右側にある店に入って、誰かが苦労して作った繊細かつ精巧な指輪、腕輪、財布、ハンカチ、団扇等の工芸品を眺め、再び歩いて京都の有名な化粧品会社が運営するカフェ「よーじや」で手入れの行き届いた庭園を静かに眺め、鮮やかな緑の抹茶一杯を傾ける余裕を持つことができれば、それは間違いなく、その日が自らの内なる声に十分に耳を傾けた日であったことを意味するだろう。

「哲学の道」にあるかわいらしい店のひとつが私の家だったら。今日に限ってそんな思いにかられる。

雨が降る
ふたたび咲いたこの季節　春の花の上に
風に舞うわたしの髪の上に
哲学の道

千年の古都京都に

哲学の道初入

柿の落ちた家

落柿舎

落柿舎は俳人向井去来（一六五一〜一七〇四）の別荘として使われた草庵だ。彼は松尾芭蕉（一六四四〜一六九四）の蕉門十哲の一人だ。芭蕉は俳句の伝説的な名人だが、「西日本の俳句一人者は去来」と書いたことがある。芭蕉が称えた弟子去来の草庵、落柿舎（The cottage of the fallen persimmons）は嵐山にある。

嵐山は京都市内から電車で約二〇分の距離にあるが、嵐山を背に桂川が流れ、その川に渡月橋という長い橋がかけられている。渡月橋は「月が渡る橋」という意味で、夕暮れどきに山と川の上にかかる月を見上げると、まるで月がしずしずと川を渡っていくようで、自然と笑みがこぼれる、

それらしい名前だ。

山と川にはさまれたたいそうな別荘地であり観光地でもある嵐山から、天竜寺という有名な寺刹に接する鬱蒼とした竹林を過ぎると野宮神社に出る。そこを過ぎて右側に行くと、庭にかつての天皇たちの短歌を刻んだ歌碑が立っており、そのすぐ前を横切る線路を渡ると、趣の異なるひっそりとした平原に出る。

嵐山全体に商店や飲食店がたくさんあり、観光客でひしめいているが、突然人影がまばらになり、安らいだ田舎の風景となるここがとても気に入った。嵯峨という村だ。そこに寺刹に上る二つの道があり、右に折れると左側に嵯峨天皇の皇女である有智子内親王の歌碑があり、そのすぐ横に落柿舎がある。

事前に何の知識もなく歩き、低い門をくぐって足を踏み入れる。頭上にある草庵の名が独特だ。文字通りにいえば「落ちた柿の建物」だ。

こじんまりとした草葺屋根が愛らしく、ひっそりとした佇まいはかつての俳人の書斎にふさわしい。この草庵に俳句の詩聖と呼ばれる松尾芭蕉が遠くから訪れて泊まり、弟子たちが集まって句会を催したという。

きちんと畳がしかれ、俳句と文字が書かれた屏風があり、放浪の旅に使ったものか笠が見える。開かれた引き戸の奥に庭園がわずかに見え、そこで摘んだ花が生けられた花瓶が見える。畳何枚かの一坪二坪のかわいらしい部屋だ。

俳人の小さな家の横にきれいな庭園が広がる。ツツジに牡丹、藤の木陰があり、よく手入れされた大小の木がある。昨年立ち寄ったのは夏だったが、今度は晩秋、ああ、柿の木に朱色の柿が空高く鈴なりになっているのが見える。

受け取ったパンフレットによれば、こういうことだ。

空高くぶら下がるたくさんの柿

庭に四〇余本の柿の木を育てていた俳人去来は、ある秋の日、そのたくさんの柿を売る契約をした。しかし、まさにその日の夜に台風が襲い、明け方には柿が全て地に落ちてしまっていた。それを見た去来は大きな悟りを得て、そこを柿の落ちた家、「落柿舎」としたというのが、名前の由来だ。

繊細な俳人は落胆のその朝、果たして何を悟ったのか。上質のたくさんの柿を売り、大金を稼いで草葺屋根も修理し、越冬に備え来年の食い扶持も準備し、人生と仕事に取り組もうとした計画が、よりによってその日の夜、柿が全て落ちてしまい水泡に帰してしまったのだから、その心情はいかばかりだったろうか。

思いもしなかった困難に見舞われ、落胆と絶望で途方にくれて見る影もなかったろう。落柿舎への二度目の訪問となったその日も雨が降っていた。レインコートがなかったので、雨に濡れながらその濃い朱色の柿を見あげた。そして、俳人が鈴なりの柿を眺めたときの希望と、その明け方柿がすっかり落ち尽くしたときの悲惨な心情を思った。

俳人去来が柿の落ちた瞬間、悟りを得たという文章を読んだまさにその瞬間、私にも悟りが訪れた。全ては天の采配であるという悟りと、従順、謙遜であることを思い、折れた心をまっすぐに立たせようとした辛苦の時間、彼は全く考え及ばなかったであろう。三〇〇年後にこの嵯峨の村で柿が落ちたというストーリーに世界の人々が感動して訪ねて来るようになり、「世界で最も短い十七音節の詩」である俳句を愛する人々の「巡礼の宿」となる未来のことなど。嵯峨の落柿舎はこうして俳句のメッカとなった。ほんとうに美しく涙ぐましい逆転のストーリーだ。困難もそれゆえの生きがいがある。

俳句の詩聖松尾芭蕉は、この弟子の家に一六八九年、一六九一年、一六九四年と3度泊まり、そこで有名な「嵯峨日記」をつけもした。

偶然立ち寄った嵯峨の落柿舎。一晩で柿が地に落ちてしまった俳人の庭園と、その感激のどんでん

返しのストーリーに私が力を得たように、人々もここで力を得て未来をかたく信じて踏み出すことができることを願う。
詩聖松尾芭蕉も向井去来も逝ってしまったが、彼らの感性とスピリットはこうして一行の詩となって今日も生きている。

月かげに裾を染めたよ浦の秋
行秋や花にふくるゝ旅衣
向井去来

秋風のふけども青し栗のいが
ぬれて行や人もおかしきあめの萩
松尾芭蕉

十七音節の俳句を勉強する声が聞こえる － 2017

錦鯉が踊る喫茶店

─洛匠

私がその魅力的な茶屋、洛匠を発見したのは十余年前のことだ。京都で有名な「祇園」のそばに「ねねの道」という趣のある道がある。一七世紀、豊臣秀吉の死後、その夫人が秀吉を弔うための高台寺を建て、その向いには圓徳院という自身のための小さな住居を建てて住んだが、その麓の道がまさにその夫人の名をとって「ねねの道」と名づけられた。この道はずいぶん前に道幅いっぱいに御影石が敷き詰められ、深い趣を醸している。

その道には見栄えの良い人力車が列をなしており、世界各国からの観光客を乗せて古風な町一帯を巡るが、人力車を引く青年の案内と説明もそれらしく聞こえる。

私は主に徒歩だが、一度人力車を利用したことがある。ずっと前にかき氷屋だった家やそば屋、舞妓さんの上がる料亭も教えてくれた。ねねの道のある地点で降りて中をのぞいてみろと言うのでそ

うしてみると、木の窓格子の隙間から枯山水の庭と池。その造景と池を泳ぐ錦鯉のあまりの美しさに口が開いたままになってしまった。

三〇分ほど人力車に乗って降りると、さっき見たあの池のある建物に入ってみた。そこは茶店だった。ホールのガラスのドアを押して出ると、韓国人の目には小さく見える庭園があり、細長い池には自然石からなる苔の生えた独特の石橋がかかっており、その下には赤、白、金の錦鯉が四〇余匹が戯れている。中にはゆうに私の腕の太さの4倍はありそうなものもいる。実に豊かで美しい風景だ。人力車の青年がその前に立ち止まり、しかも木の窓格子ぞいに見せてくれなかったら、この店を見つけるのはずっと後のことだったに違いない。

私はその情景に惚れこみ、京都に行くたびにその茶店、ねねの道の町を美しく装うことに献身してきた老人の嫁が二代目として経営する洛匠に訪れるが、京都にわたしを訪ねてきた人々も必ずそこに案内する。すると皆一様に惚れこみ、ここは世界一の茶店だと感嘆してやまない。

私の本を読んだご主人は、韓国から作家が来たと周りに知らせ、いつも店の名物であるわらび餅をもたせてくれる。わらび餅は舞う羽のように柔らかく軽い黄な粉をまぶした蕨の餅だ。一日しかもたないその餅を韓国に帰るその日に買って来もする。たくさんの人々が訪れる豊臣秀吉の菩提寺でもある高台寺のすぐそばなので、いつも人々で込みあい、カウンターに山のように積まれたわらび餅もすぐに売り切れる。

京都に行くたびに訪れる魅力満点の池を持つ洛匠は、主人であった老人がそこに住みながら一生をかけて装いをこらしたところだ。その建物だけでなく、ねねの道にも手を入れ、道沿いに桜の木を植えた。3月になると淡いピンク色に染まるその道は、京都でも最も京都らしい高級な道だ。

悠々と踊るような錦鯉を眺めていると、自然と微笑みが浮かぶが、同志社大学で勉強していたときにはあまり行くことができなかった。

九八歳で亡くなるまで、この町のためにたくさんのものを施し、その道に多くの桜の木を植えて引き立たせるために献身した老人の功労を刻んだ碑石が、彼の死後、世界各国からの観光客が行き来する「ねねの道」に建てられた。

代を継いで施される美しい精神まで、さすが洛匠は「世界一の茶店」だ。

鞍馬の露天風呂

韓国人が日本旅行で最も楽しみなのが温泉だ。わたしもそうだ。

ところで、遊びにきたのではなく勉強にきたせいもあるが、日本のそこらじゅうにある温泉が京都にあるという話を聞いたことがない。

遠くによい温泉があるという話を聞いても行く時間がなく、春が過ぎ夏が過ぎた。秋学期が始まるころになってようやく、この近くに温泉はないかとまわりに尋ねてみると、京都市内にはなく、電車で行けば有名ではないが鞍馬と嵐山に温泉があるという。

嵐山は行き方が複雑だが、鞍馬はわたしの住む部屋の近くの鴨川の短い橋を渡った出町柳駅から電車で20分行った終点だ。わたしは急用のためソウルで地下鉄に乗ると、決まって他のことに気をとられ駅を二つ三つ乗り過ごしてしまい、右往左往してよけいに時間がかかってしまうので、普段はあまり乗らない。日本で電

出町柳駅から終点鞍馬まで二〇分乗って降りた電車

車に乗っても同じだが、終点であれば乗り過ごす心配もない。

　初めて鞍馬に行ったとき、人々がいっせいに降りるので終点かと思い、わたしも後について降りたところ、そこはいくつかの小さな滝が落ちる長い渓谷を抱えた趣のある田舎だった。ところが、次の週に終点で降りてみると、先週とは全く違ったところだった。聞いてみると、先週わたしが降りたのは終点の鞍馬ではなく、その一つ手前の貴船だった。結婚の縁を結ぶという神社や温泉があり、驚くほどロマンチックな雰囲気があるので、カップルのデートコースとして有名なところだ。

　2ケ所とも心安らぐが、地味な鞍馬の方により足は向いた。費用も安く何より終点なので乗り過ごしの心配がない。特に試験があるときには必ず訪ねた。勉強のためだ。六畳のわたしの部屋は狭いので鞍馬を選んだ。駅を降りても特に見るべきものもないが、山を覆う鬱蒼とした杉の森の空気が胸に染みる。駅前に待機している送迎

車が温泉まで連れて行ってくれる。
小さな駅の駅前を左に行くと、伝説の武士が修練したという鞍馬山と、その裾野の鞍馬村の象徴である大きな赤鼻の天狗の顔の像が見える。鞍馬神社を過ぎて間もなく鞍馬旅館温泉に着く。旅館には部屋が三つしかなく露天風呂がある。露天風呂は日帰りの利用客が多い。普通、旅館にある温泉は宿泊客だけが入れるようになっており費用も高い。韓国では事情もよく知らずにただ旅館一つとっておいてというが、日本は旅館がホテルよりはるかに高級で高価だ。それはよい個人サービスがあるからだ。インターネットでの広報をよくしているせいか、欧米からの客もかなり多く、韓国人もいる。
石段を上り、露天風呂にしばし浸かり、また石段を下りて旅館の静かな食堂でそばや豆腐料理をお腹の足しにして、翌日からの試験勉強をする。真冬に一石二鳥だ。
京都市内より北側なので、京都には降らない雪が舞うと、その雪を浴びながら温かい温泉を楽しむ味がある。難しい授業だらけの秋学期の間中、授業の後に鞍馬温泉に行く日のことを指折り数えて待ち続けた。遅ればせながらも、ヒーリングによい憩いの場が見つかったからだ。

いただきます

母の半兵衛

日本で出版された母の伝記を読んだのは、母の没後のことでした。

生前にこれを読み関心を寄せていれば、少しは孝行になったかもしれませんが、日本語からなる数百首の短歌を全て理解することなどできず、いつも後回しにしてしまったことが悔やまれます。

中でも、京都に行き中西進先生と食べた麩料理がおいしく、ここで別れたら今度はいつ会えるだろうかと駅で師との別れを惜しむ場面が印象的でした。ワシントンにいたころ、1年に1度は私に会いにきて、帰国の際には二度と会えないかのようにハンカチを濡らして泣いていた母のことが思い出されます。

見たことも聞いたこともない「麩」という料理がどのようなものかが気になり、日本に行くたびにあれこれと聞き、何年か前に麩料理で有名な半兵衛を訪れたところ、そ

れは小麦粉から取り出したグルテンで作った料理でした。

私がグルテン料理を初めて食べたのは、カリフォルニアのイ・サング博士の健康の集いに母とともに参席したときでした。博士が菜食主義だったので、もちもちした食感が肉のようだとグルテンを使って作った料理が出されました。ソウルにも健康レストランに行けば、焼き肉の味付けをしたグルテン料理がありますが、アイデアがよいとも思えず、肉ほどにおいしくもなく、箸がすすみませんでした。

半兵衛は創業者の名ですが、一六八九年の創業なので三二五年の歴史があり、現在は一五代目が継いでいます。

さまざまなグルテン食品を開発・販売して、その商品だけで作った料理集を出したのが二〇年前のことだそうです。昼食のみ、コースも一種類のみで、料理は全てグルテンのみで作られているのに、形も色もとても繊細で可愛らしく、淡泊な味わいも優しく一級品でした。どれほどの長い年月、代を継ぎながら精誠を尽くして研究開発してきたのかが深く感じられました。

その味と精誠に感嘆した客たちが、店を出たところにある販売店舗に美しく陳列されたさまざまな麩の関連製品を見れば、財布のひもをゆるめずにはいられません。同じ建物の中には、何百年間に渡るいろいろな形のお弁当が陳列された素晴らしい博物館もあります。

東京の大学で家庭科を卒業したこともあり、母の料理は母の短歌よりも特別でした。母は解放前の韓国に帰国して家庭科を教えていましたが、ともに留学した同級生で、後にソウルのいくつかの大学の家庭学科の先駆者となった人々も認めるほどでした。
母がおいしそうに食べた麩料理を前に、これまで母に作ってもらった料理とその愛の深さと親不孝を思うと胸がふさぎます。

透析の後だからか
今朝は文章をうまく書けない
おまえの尊く貴重な体のために
賢く健康管理をするように
必ず、一日三食、まんべんなくとるように

母　二〇〇〇年八月二八日

何日か前、母の手紙の整理中にふとその一つを開いて見ると、上のような端正な文句がありました。顔をあわせるたびに「ごはん食べたの」と言うので、いい加減うんざりしていたはずなのに、今さらながらその言葉を聞きたくて、この手紙を食卓のある壁に貼ってみましたが、未だに実践できずにいます。

うどん一杯

―山本麺蔵

四時間も待って食べたうどんはさすがに一級品だった。

平安神宮のすばらしい一面の桜を見て出ると、古びた家の前に長い列が見えたので、私も並んでみた。どこでもそうだが、日本で列をなしていれば、そのほとんどは信ずるにたるところだ。日本人は列をみると何の考えもなしに並ばずにはいられないという。

京都を首都とした桓武天皇を称える平安神宮と京都市立美術館があり、動物園のある古い区域の道端にある山元麺蔵という名前のうどん屋だ。あまりに待ちすぎて体をねじるようにして入ってみると、古くて薄暗い雰囲気の二〇席もない小さな店だ。私は偶然入ることになったが、こんなにも情報が世界に広がっ

きつねうどんと野菜天ぷら

ているとはすごいことだ。大部分は観光客で、中国人の姿が目立つ。カウンターに座ると、頭に鉢巻をしめた若者たちがうどんをゆでている姿や天ぷらを揚げている姿が見える。注文したきつねうどんと野菜の天ぷらは期待を裏切ることがなく、二〇〇八年に店を出したという若き店主の山元氏に賞賛の言葉を惜しまなかった。

中学生の頃、学校が終わり、光化門を通り過ぎて貫鐵洞に向かって友だちと手をつないで歩いていくと、いろんな名前の看板をかかげたうどん屋が並んでいた。そこで食べた鍋焼きうどんがどれほどおいしかったか。

ある日、そのうどん屋は消えてしまい、その後に新しくできた店に行ってみると、あのときの味ではなかった。技術というよりも大人になり私の味の好みが変ったせいだろうが、以前のあの味がいつも懐かしい。

日本でおいしいうどんを食べてソウルに帰って来ると、時どきそのうどんの味も思い出されることがある。私があのうどんの味を思い出すというと、それを聞いた一緒に食べたことのある人が自分もそうだと言う。その人のことを思いながら、代わりにそのおいしいうどんを食べる楽しみをそっと享受する。

かつお節とさまざまな材料で出汁をとったと思われる汁はとてもおいしく、器一杯に広げられたきつね色の油揚げ（それできつねうどんと言うのだろうか）の歯ごたえがよく、何よりもその場で作った太い麺が上質だ。さつまいもと玉ねぎとキノコの天ぷらもサクサクと芳しい。千円で享受できる喜びだ。いつも長時間の行列なのでなかなか待とうとは言い難いが、待つだけの価値は十分にある。

タクシーの運転手になぜあの店は一日中あんなに行列続きで、みんな黙って並んでいるのかと聞いてみると、高級ではなく、京都のB級グルメとして餃子のお店の次に二位に選ばれたからだという。B級グルメというのも初めて知った。おもしろい発想だ。

近くに行くことがあれば、いつもその店に寄ってみるが、列に並んではあきらめて踵を返す。並んで待った1時間がもったいないが、出された課題の勉強をしなければならないからだ。少し前に、その近くに別のうどん屋ができた。待ち時間も長くない長所がある上に、可愛らしい庭園もあり、インテリアも味もモダンで気に入り、山元麺蔵に待ちくたびれたときには、そちらに入ることにした。

うどんを箸ですくいあげると、昔妹が通っていた筑波大学の前で、父と食べた一杯のうどんと、素朴な日本の文学作品「一杯のかけそば」が思い出される。ソウルに帰ればまた思い出すことになる味だ。そう思い、3度も並びながら、4時間を耐えて待ち続けたのだった。

一杯のうどんを前に
ソウルで懐かしむその味を思う
墓に横たわりながら
世の中の味を懐かしむだろうか

見事な麺を打つ山元オーナー料理長

柚子料理

柚子屋旅館

お店というものは外観をみただけでもなんとなくわかる。おいしいかどうかが。

「柚子屋旅館」というところがある。京都祇園のランドマークのような八坂神社のすぐ隣、人通りの多い大通りなのに、大きな神社の横に古びた狭い木の門が一つあるだけのせいかあまり目にはつかない。よく訪れる寧々の道に行くには必ずここを通らなければならないのに、いつも通り過ぎていた。

その前を何度か通り過ぎるうちに木の門があるのに気づいた。そこには「柚子屋旅館」と書かれていた。誰かが出入りするとその門が自動的に開く。くぐるとすぐに急勾配の石階段があり、その上に奥深い家が見える。

長い歴史が香るその伝統家屋が好奇心を刺激し、階段を上ると、扉がすうっとひとりでに開く。黒い石が敷かれた品のある入り口には大きな籠いっぱいに積まれた黄色い柚子が目を引く。着物の女

性が親切に迎えてくれた。「ここはお食事処ですか」と聞くと、「はい、上は旅館になっていて温泉もあります」という。

少しだけ覗いてみるつもりで階段を上がったが、古いクラシックな雰囲気に外見だけでも深い味がわかり、案内されるままに席に座った。

多少暗く燻したような雰囲気で、ガラスの外には日本式裏庭が見え、水が岩を走り落ちている。適度な間隔で並べられたテーブルのレイアウトは見栄えがよく、中国語も聞こえてくる。私は初めてだが、たくさんの日本人と外国からの観光客の間ではすでに有名なようだ。

普通は予約が必要ということだったが、この日は運よく座ることができた。昼食は5千円と1万円の2種類。二つとも柚子料理のコースだ。入り口でみた大きな籠に積まれた黄色い柚子の山をみただけでも涎がでそうだ。

小さく円い器におさまった一五種類の料理がひとつのお盆で出されるが、その色彩と模様に目を奪われる。睦まじく、可愛らしく、おいしそうだ。海老と魚、野菜から日本特有の細やかさと愛らしさが滲み出ている。ちょうど紅葉の季節で赤ちゃんの手のひらのような葉をつけた紅葉の枝がひとつ添えられていた。

　崩すにはもったいない一つ一つの味を日本のお箸で少しずつ崩してゆく。スープがつき、メイン料理はおいしい魚だ。すべて柚子の味が添えられている。最後に出てくる雑炊の上には熟した果肉をつぶした柚子がまるごとのせられ、サービングする着物の女性が指でそれをぐっと押し出してくれるのを口にすると、ごはんと混ざって甘酸っぱい。

　日本料理といえば、寿司、刺身、天ぷら、そして懐石料理が思い浮かぶ。

　日本料理は世界的に高級なイメージがある。貴い芸術とされている。どの国でも価格も高い。数ある日本料理の中でも日本では京都の料理の繊細さが極めて美しい上に味もよく、一番だとされる。京都の料理は京料理と呼ばれ、京都で夕食を食べるためだけにわざわざ東京から二時間一五分をかけて新幹線に乗って行くという話も聞いた。

　この前、日本では一汁三菜が基本という話を書いたら、日本から日本語で感想を寄せてくれた方々が、ごはんにおかず一つだけという家も多いはずだと教えてくれた。確かに、韓国のコンビニにも梅干一つが入った日本式おにぎりがある。日本ではどんな分野にも端正で落ち着いてシンプルかつ質素な面があるが、料理ももちろんそうだ。無所有、質素、倹約の美徳は韓国がずっと昔に伝えた仏教の影響ではないかと考えてみる。

そうかと思えば、母の歌碑の建つ青森の旅館の朝食と夕食は、韓国の全州スタイルにも劣らずいろいろなおかずがお膳狭しと並べられたもので、四〇年前に父とともに接待いただいた京都の高級料亭の延々と続くコース料理の思い出も鮮やかだ。こうした何万円以上もする高級料理店が京都にはかなりある。

日本の大学で勉強していたときにはそんな時間もなかったが、それと前後してあちこちと探索し、それほど高くなくしかも品のあるお店を両手で数えるほど見つけ出し、私だけの資産としている。

そのうちの一つがこの柚子料理だ。五千円という価格に比べ、豊かで歴史の重厚さがあり、何よりも味が生きている。他で味わったことのない独特の味だ。日本から私に会いにきたり、ソウルから京都に行く方々にそっと耳打ちしてあげたい私の隠れ資産の一つだ。

柚子屋レストラン　- 京都

いただきます

私の生まれて初めての記憶は釜山、草梁の避難時代に祈る祖母の胸に抱かれていたことだ。早朝4時ごとに祖母は祈った。篤実な仏教徒だった。

色白の優れたその美貌が人々を感嘆させるごとに、そばにいた私まで得意になった一九〇四年生まれの祖母は、ひところ我が家では極めて大きな影響力をもっていた。女学校の割り当ての日に来られて、ソウルの徳壽国民学校の女学生のなかで、全校一位で卒業した私を梨花の列に立たせたのもこの祖母だった。

一一〇余名の同じクラスの友だちはみな近くの京畿に行こうとしており、私に「その列じゃないでしょ」と言った。しかし、祖母は「京畿に行くと未亡人になる」といって私を梨花の列に立たせた。祖母と京畿を卒業したその友だちはみな、拉致や戦争で未亡人になってしまったというのがその理由だ。

同志社大学すぐそばの相国寺

こうして私は祖母の手にひかれて梨花に行き、そこがクリスチャン学校だった影響で後にクリスチャンとなった。仏教信者だった祖母が私をクリスチャンに伝道したわけだ。それからというもの、アメリカでも韓国に帰国してからも信仰生活をしている。そして今は私の通う京都の同志社大学がまさにクリスチャン学校なので、自然とチャペルに足を運んでいる。

とても小さな頃に祖母に手をひかれてお寺にいった記憶は鮮明だ。いつだったか、凍てつく冬の日にソウルの道詵寺から凍った道をくだるとき、祖母と私が滑ってこけそうになったのを、ちょうど通りかかった青年が支えてくれた。祖母は「救世主に会ったね」といって、長い坂道を少女のようにはしゃいでくだっていったことを思い出す。

ここ京都はどこもかしこもお寺だ。大小の寺が二五〇〇余りもある。仏教は韓国から6世紀に伝わったものだが、その伝統が千年を超えて続いており、寺内の庭園はどの寺もみな息をのむほど美しく、京都最高の資産であり、世界中から人々を寄せ集める観光資源でもある。

千年前我らが後裔が建てた木造建築と、その庭園芸術を見るたびごとに、私を育ててくれた祖母はこの美しさを見たことがあったろうかと考える。

祖母は一九二〇年代に早稲田大学の法学部に通っていた祖父と東京で新婚生活をおくっており、七〇年代には母方のおじが広報院長をつとめていたので、見る機会はあっただろうと想像してみる。

七九四年から一八六九年の明治維新まで、千年以上天皇の居住地だった古都京都は、日本文化の精髄が何層にも折り重なったところだ。世界文化遺産に指定された一九ヶ所の全てが仏教関連の建造物と彫刻品だ。一都市に仏教寺院だけで数千ヶ所にもおよぶというのだから、世界的な仏教都市というだけのことはある。今年の春先から私はそのような都市に、そこに息づく文化をながめながら住んでいる。

同志社大学はアジア人としてアメリカの大学で初めて学士をとった新島襄が一八七五年に建てた日本初のキリスト教大学だ。京都の代表的な寺院であり、朝鮮通信使が早くから宿所としていた相国寺の境内を一部もらいさげて建てた学校だ。校内に建物を建てようと土をおこすと、相国寺関連の遺品がたくさん出たという。

その相国寺と同志社大学のチャペルはすぐそばに位置しており、明治維新後、国家宗教に昇格した神道の最高神官である天皇の居地は同志社大学の真向いにある。三つの宗教が一つの地域に共存しているのをみて、日本文化とその儀式についていろいろと考えさせられた。

良心館を建てるときに出てきた三国志の遺物

神道は6世紀に百済が仏教を伝播する以前からあり続けてきた宗教であり、一種の自然神崇拝思想だ。仏教の伝来時には既得権勢力の抵抗があったが、百済の後裔である聖徳太子の努力で日本の中心宗教として定着した。仏教は日本に根をおろすとともに神道の自然崇拝思想を受容していくことになる。中でも目をひくのが、生命尊重思想と環境保存思想だ。

読解時間にこれに関する例をひとつ学んだ。ごはんを食べる前に日本人は「いただきます（頂きます、戴きます）」といいながら両手を合わせ礼をする。私はこれを、食事を共にする相手と食べ物を育ててくれた人と料理をしてくれた人に対する感謝だと思っていた。この儀式は食事を共にする相手や食べ物を育ててくれた人にではなく、肉や魚、穀物など、その生命に宿る魂に対する表現であるという。神道思想では万物に魂が宿っているとみなすのである。

首をかしげて私は聞いた。「でも、食べ物を育ててくれた人においしくいただきますという意味もありますよね」。しかし、そうではないと言う。犠牲になる生命と食べ物を育て料理する苦労とでは比べものにならないという意味のようだった。貴い生命を奪い、調理して食べるのだから、野菜や魚は私たちの生命のために犠牲になるのだ。だから犠牲となったその生命と魂にすまなさとありがたさを伝え「生命と魂をいただきます」というのが「いただきます」ということなのだ。これは全ての生命を貴ぶ仏教思想に通じる。生きとし生けるものすべてが人間と同じように貴いことを教え、殺傷を禁ずる教えだ。

創造された生きとし生けるものを改めて眺めてみると、いまさらながら多種多様な命をもつものたちと平和に共存していくことが、私たち人類の義務であると思わされる。

六・二五動乱（朝鮮戦争）のとき法院（裁判所）にいた祖父が北朝鮮に拉致された後、初孫である私に限りなく愛を注いだ祖母、ジャン・ボクスン。京都は特に私にその祖母のことをあれこれと思い出させる都市だ。

あまりに早く逝く人に情をうつすべきではなかった
ああ　祖母よ

‘いただきます’ オムライス学生食堂

アドリブ

日本語で「アドリブ」とはいったい何のことだろう。看板に「ごはんや　アドリブ」と書いてある。しばらく考えこんで　ａｄ　ｌｉｂ　のことだとわかった。ａｄ　ｌｉｂ　は即興的に語る、即興的にするという意味だ。決められたメニューなしに即席で料理を作り出すという意味に違いない。

留学していた同志社大学の西門を出て北に何分か歩くと、その右側にあるとても小さな食堂の名前だ。学期が始まる前、部屋を探しにソウルから来て何日間か滞在したときに出会った留学生がここに案内してくれた。

テーブル席は二つほど、カウンターも4席ほどしかない。それすら客でいっぱいになることはないが、即席で作り出す料理を提供されるままに食べるので、メニューで悩むことはない。

日本には一汁三菜という言葉がある。汁一品に菜三品からなる膳立てという意味だ。ところで、アドリブは五品出てくる。汁と魚とおかずの種類は変るが、色合いもよく味もいい。何より心安らかに田舎の家で食べるごはんのようだ。八〇〇円は安すぎる。

大学まで歩いていける距離に部屋を借りていったんソウルに戻り、学期の始まる前に再び来てみると、外国人居住者登録証作り、大学入学のための健康診断と健康保険証作り等、思いもよらない行政手続きを解決しなければならなかった。その後学期が始まると、借りた部屋に必需品を毎日買い整えていくのも一仕事だったが、勉強以外には全く何も手を出せないほどカリキュラムの密度が濃かった。

一日三食を解決しなければならないが、ちょうど部屋が伝統市場のすぐ前なので、野菜、果物、魚などを売る食べ物屋が多く、大きなスーパーマーケットも二つもあり、いい食材を安く手に入れることができた。魚の刺身は新鮮で、販売品なのにその場でしぼったようにフレッシュな豆乳もおいしい。

パンと果物、豆乳とヨーグルトを携えて朝九時からの授業に間に合うように八時四〇分ごろ早足で大学にむかう。いつもは九〇分の授業を2コマ終えて昼食をとるが、一〇時半の授業がないときには良心館の新しい建物の一階にある行列のできるベーカリーに並んで焼きたてパンとスープを食べる。昼食はキャンパス内のあちこちで食べられるが、主に良心館の大きな階段を下りたところにある数百人は収容できそうな学生食堂に行く。シンプルで健康的なメニューを好みで選び、カウンターにのせて重さをはかり会計する方式だが、比較的安く食べることができる。

大学のごはんは白米なので、私は市場で玄米と雑穀を買い、玄米ご飯を炊いて一人分を大学に持っていく。オムライスを食べられるところもあって、おいしいのでよく行く。私が大学構内の食堂で

毎日食べるのは、時間の節約が大きな理由だが、それに劣らず毎日宿題と試験のため紙と向き合うことが多いからだ。日本語もおぼつかないのに課題が多く、日本語を教えてくれる学生アルバイトを求めようとしたが、うまくいかなかった。アルバイトする学生は多くても、教えてくれる学生は見当たらなかった。

ある日、大学の食堂に座ってお昼を食べ、そばにいた日本の学生に理解できないことを尋ねると、親切に教えてくれた。それからほとんど毎日世話になった。そのように毎日キャンパスで昼食を、ときには夕食も食べながら一生懸命勉強した。ずいぶん昔にもそんなことがあり、私はどこでも一生懸命勉強したが、いつまたこんな機会があるかわからないと思い、必死で勉強した。ようやく物心がついたのだ。

いつしかアドリブでおいしいご飯を食べていたことを忘れてしまっていた。キャンパスの外に出ることがなかったためだ。二つの学期を履修し終えて、久しぶりに西門を出て散歩がてら少し歩くとアドリブの看板が見えた。ああ、そうだ、アドリブ。この独特な名前を忘れていた。嬉しくなって店に入ると顔馴染みの夫婦が笑って迎えてくれた。

妻の大野廣美さんがせっせと料理を作り、夫の大野薫さんが主にサービングする。ずっと昔は薫さんがコーヒーが好きで音楽喫茶をしていたが、その後食堂になってもう四二年もたつという。喫茶店時代のおもかげか壁にはビートルズの写真がかかっている。

二人の姿はとても心を落ち着かせ、礼儀正しい日本人というよりは、地味な韓国人に近い。韓国人観光客が日本で好きなものが温泉と食べ物だという。平壌出身の父のおかげで私たち家族はずっと薄味に慣れていたので、日本の淡白な食べ物は口に合う。

みそ汁に焼き魚一切れ、きゅうりの漬物に野菜のおかず二つほどがきれいにのせられたお膳を受け取ると、我が家に帰ってきたように安らぐ。もっと早く気がつくべきだったのにと思う。「おいしい、おいしい」というと廣美さんは喜び、「韓国の食べものってどんなふうなのかしらね」と言うので、「一度ぜひ韓国に来てください。おいしいものがたくさんありますよ」と答えた。一日しか休めないから外国旅行なんて夢のまた夢、とでも言いたそうに遠くを見つめる表情だった。

外国暮らしは淋しい。しかもこの年になっての留学生活は大変で淋しいことこの上ない。だからだろうか、同志社で勉強していた間、完璧ではないとしても我が家のように暖かいこの「アドリブ」になぜもっと頼ろうとしなかったのだろうかと、そのことが惜しまれ、帰国するまで何度か足を運んだ。

私がご飯をおいしく食べている間、大野ご夫妻は故郷の
風景のようにいつもそこに暖かく立っている。

一汁三菜
「アドリブ」の端正なお膳を受けとると
故郷のことを思い出す
亡き母を思い出す
二度と味わえない手料理の味

因縁

東京便り

久しぶりの東京だ。

日本に留学すれば、当然東京にもよく行くようになるだろうと思っていたが、勉強のため思い通りにはならなかった。母の短歌に黄秉冀先生が曲をつけてくださった音楽発表会のため、昨年春に訪れて以来だ。

東京は実にたくさんの思い出がある場所だ。父、母との思い出も多いが、その後の思い出もある。

京都の芸術である地を埋め尽くす桜は十分に咲ききらず、見ることもできなかったが、新幹線で2時間一〇分、京都よりも東の東京に来てみると、ちょうど咲き始めた桜がひらひらと舞いながら迎えてくれた。

青少年国際会議のため東京に初めてきたのは大学生のころだったろうか。今も大学生のようなものだが、長い歳月が流れた。

東京はソウルや他の国際的な大都市にくらべ、長い歳月に

東京銀座

変化がたくさんあったとは言えない。日本に行くと言えばそれは主に東京だったが、あちこちに知人もいるので静かに勉強するためには京都の方がいいと思い、京都を選んだ。よい選択だったが、そのせいで寂しくもあり辛くもあった。

過去の時代に生きているかのように、昔の風景と風物を大事に遺している京都に比べ、東京はさすがに国際都市だ。東京都内だけでも人口が一四〇〇万人、外郭まで含めれば二千万人を越えるだろう。京都から移された皇居があり、江戸川のような川があり、海にも面している。浜離宮や六義園のような歴史ある美しい昔の庭園も大事にしているが、京都と異なる点があるとすれば、東京の庭園はまわりの現代式高層ビルとともにあることだ。

東京都心の街路樹の枝打ちした姿は眩しいほどに美しい。

父と泊り、母の出版記念会をいつも行った帝国ホテルは皇居の前に位置している。千部屋ある建物の後門を出ると、マンハッタンのサックスピープスアベニューとパリのシャンゼリゼに並び称される銀座がある。最も繁華な銀座4丁目の交差点には和光と三越百貨店が今もそのままあり、たくさんの商号が相変わらずそこにある。日本以外ではお目にかかれないのは、一個一万ウォン以上のイチゴ。一つ三五万ウォンのメロンも。何十年か前もそうだった。アメリカでは本当に安いマンゴーやアボガドやリンゴが、どんなストーリーにくるまれているせいかは知らないが、どれだけ高くてもなくて売れないほどだった。

目立って変わった点は、銀座中にあふれかえる人のほとんどが中国人であること。

一〇年、一五年前には銀座にはそれほど人が多くなかった。かつての繁華街銀座は日本の失われた二〇年を経て、人もまばらになるほどだった。五、六年ほど前から人が集まり始めたのが不思議だったが、一、二年ほど前からは中国語だけが耳に聞こえるようだ。

　韓国がマーズに悩まされていた間、中国人は日本に来ていたのだ。京都も東京も中国人で混み合っている。政府が積極的かつ大々的な観光政策を繰り広げ、訪問した中国人は日本人の親切と優しさに、もてなされた気分になるので、訪問者数が可及数的に増えている。

　東京には何度か来たが、いつも何日間かの短い滞在だった。いつだったか学校の休みを利用して2ヶ月ほど滞在したことがあった。記憶力のよかったその時に日本語の勉強をしていたら、こんなに年をとってからの日本留学ももう少し楽だったろうと思うが、後悔先に立たずだ。

一九八〇年には、古典文学研究のため母が東京にいたため、私がアメリカから訪ねていったこともある。その年の冬、銀座の交差点を渡り、母がお昼に連れて行ってくれたのはどこだったろうか。

そんなことを考えながら歩く。いつだったか父がここがシャンソンで有名な店だと教えてくれた店はどこだったろうか。ここかしこをのぞきこみもする。人が簡単に逝ってしまうことなど想像もしなかった時期だったので、分別もなく後をついてまわるだけだったが、何年も経ってようやく身にしみるその記憶をたどっている。

どうかして三年前に私の著書の出版記念会が、日本外国人記者クラブで催されたことがある。皇居の広い庭とそれをめぐる池が眼下に見え、アメリカをはじめ各国を代表する人物がスピーチやインタビューを行う由緒ある建物の二〇階にある空間だ。昔、アメリカ留学時代にニューヨークで出会った日本の友人、前田俊一氏がいつも昼食に招待してくれたところでもある。

二万人近くの犠牲者を出した東日本大震災のとき、一冊の本にこめられた私の日本人に対する慰労と友情に感激した人々のことが思い浮かぶ。さまざまな事情もあるが、日本と韓国は地理的にも歴史的にも、きってもきれない関係として、互いに理解し合いながら前に進まなければならない。

そんなことを考え、わが祖国とわが故郷ソウルのことを思いながら、この春、わたしは東京を歩く。

父母を失うことなくして物心はつかないものか
わたしよりも若かった父、母の心をたどる
銀座4丁目　人気のない交差点

40年前母とともに来た銀座4丁目角の二階の喫茶店の席

おでんを食べながら

やす幸

もうずいぶん前のことだ。

ソウルで母が突然逝ってしまい、さまざまな思い出がわき上がった。一九八〇年、ワシントンにいたころ、ソウルに帰る途中で当時東京の大学院で万葉集を研究していた母に会うために東京で飛行機をおりた。そのとき母と外食したなかで最も印象的だったのが銀座四丁目のどこかで夕食として食べたおでん屋さんだ。

いつか母も死んでしまうなどとは思いもしなかったころのことで、銀座やそこから近い築地水産物市場でお寿司やハヤシライスやおでんを食べながらも、周りに気を配ることもなかったので、そこがどこだか全く思い出せなかった。

母を失って初めて少し物心のついた私は、日本では短歌の大家として知られている母の詩心が、生涯を過ごした韓国では知られていないことが惜しくて、何冊かの本とその生涯を扱った映像作品を企画し、一年以上をかけて韓国と日本を往復して撮ったドキュメ

ンタリーを完成させ、東京でその試写会を開いた。

ホテルに荷をおろし、後門を出るとそこが銀座だ。銀座に来たので、あのおでん屋を探さなければと思った。印象に残っているのは高級なその味ももちろんだが、こじんまりとした大きさの店にミンクのコートなどで着飾った人々がいたことだ。母が支払ったお金があまりに大金だったので驚いた記憶もある。ソウルでは、おでんは庶民的で安い食べ物とばかり思っていたからだ。

母との思い出も振り返り、おでんを昼食代わりにして六時からのドキュメンタリー試写会に行こうとした。

銀座四丁目がその方向なのか全然見当がつかず、行ったり来たりする間に時間ばかりが過ぎ、銀座の高い土地代を払ってやっていけそうなおでん屋は見つからなかった。華やかな銀座を2、3時間歩いたが、心が焦るばかりで周りを見ても店の名前がわからないのだからどうにもならない。せっかく東京に来たのに、このままでは母を知るたくさんの人に挨拶もし、日本語でスピーチもしなければならない試写会に遅れてしまうと思い、残念だがとりあえず何でもいいからお腹に入れようと、鈴蘭通りの奥にある何の変哲もないお店の暖簾をくぐった。

母との二人だけの思い出探しをあきらめ、当時位置や店名を覚えておかなかったことを後悔したが、アメリカでのよい話も多いのに久しぶりに会った母によりによって悩みごとの相談をしたことをさらに後悔した。

ところが、どうしたことだろう、全く期待もせずに店に入り、おでんが煮えている大きな鍋を目にした瞬間、ここがあんなにも探し求めたまさにその店であることを悟った。ああ、そうだ、やす幸だ。母と一緒に座った場所が目につくと、私は母の手を離してしまった迷子のように泣いてしまった。娘があまりに必死にこの店を探すので、母が導いてくれたのだと思った。

母と二人で座ったおでんが煮えるカウンター席。あれをください、これをくださいと指差すものをまるい器においしそうに盛ってくれたあの席だ。こうして二〇〇五年にまた座ることができたが、その時点で母と立ち寄って二五年が過ぎていたので、今から数えれば三七年前ということになるが、まるで昨日のことのようだ。

生前、母は天皇から短歌の大家として皇居に招かれた。私が母亡き後一人でそのおでん屋を訪ねたのは、ソウルで日韓首脳会談があり、両国の首脳が母の平和精神について語った直後のことだった。もっと早くにそれが実現していたら、母もその光景を見ることができたのにという残念な気持ちがないわけではない。

そんなことを思いつつ、母の短歌を書いた色紙でもこの小さな店の壁に貼ってはどうだろうかと考えてみた。

私はその後、東京へいく用事があるたびごとに、思い出のおでん屋「やす幸」に行く。母の面影に出会えるかもしれないと思うからだ。誰かと食事の約束となれば、そこで会うことにする。そこで上述したストーリーを聞かせると誰もが感動して味も一級品だとほめる。

年老いた今の主人のその母親が出したおでん屋だというから、歴史も長いだろう。カウンター越しの厨房におでんを煮る料理人が十余名ほどいて、一二年前も今も変らぬ顔が出迎えてくれる。

それ以来、難しいことがあると、探しに探して落胆しあきらめざるをえなかったまさにその瞬間、にわかにハッピーエンディングが訪れた、そのときのことを思い出しながら、私は希望の姿勢をとって背をまっすぐに伸ばす。

人生の峠
迷い迷って答の出ないとき
私は思い出す
言葉なき母のそのメッセージ

二都物語

東京とパリ

最近『百済と韓日関係の未来』というテーマの国際シンポジウムがあり、スピーチのため東京に行った。どこへ行こうとホテルの名前にはこだわらない方だが、東京だけは帝国ホテルでなければだめだ。父とともに過ごした思い出のためだ。

帝国ホテルは皇居のすぐそばにあり、皇居を見おろすことができ、数多くの国王や国家元首が宿泊し、今上天皇唯一の内親王が結婚式を挙げるほど長い歴史と伝統がある。フランス料理を現地で学び研究してきた歴史は一二〇年を超える。客室も一千室を超え、ホテルの後方から出るときらびやかな銀座が始まる。

ビザがとりにくかった時代に、私は日韓青少年国際会議に参席するために初めて東京へ行った。韓国の「発明の日」を制定し、特許・商標等の知的財産権の先駆者にして開拓者であった父は、当時講演のために日本へよく行った。父が講演のためソウルと東京を往復する間、私は帝国ホテルに滞在することになったのだっ

た。ひとり取り残された私は、文明の新しさに目覚めはじめた。西洋文化をいち早く取り入れた日本は、文化と芸術のさまざまな分野における歴史が長かった。

ホテルの一方の壁面の横30メートルにわたる壁画設置美術が美しいロビーで、印象的な出会いがあった。共産主義といえばぶるぶると震えていた時代、エレベーターで金日成のバッジをつけた北朝鮮から来た人に声をかけられて驚いたこともあった。ロビーでのティーカップを前にしての父との情感あふれる対話はもちろん、建物の隅々に二十歳のころの思い出が尽きない場所だ。

何度か私ひとりをホテルに残したまま、ソウルと日本を行き来していた父は、それから間もなく、ほんとうに私を残したままこの世を去ってしまった。空が黄色くなってしまったようだった。

さまざまな国際会議や世界の音楽会を父とともにした記憶があるが、特に東京の帝国ホテル正門に足を踏み入れると、穏やかな父の顔が見える。心地よく通る声で私に

1887年に建てられた帝国ホテルのロビーと壁画

Paul Gauguin

Vincent Van Gogh

語りかけた父のあらゆる言葉が遺言となって耳に響く。そのたびに私はまわりを見回し父に向かって涙ぐみつつ微笑みかけてみる。今度もまた優しい父の姿が見え、声が聞こえてきた。
会議に参席し、すべきことをし、旅程が終わりにさしかかったころ、ホテルの巨大なロビーの一角にある「TALES　OF　TWO　CITIES：一八九〇」という展示が目にとまった。チャールズ・ディケンズの小説と同じ題名A Tale of Two Cities。東京とパリの「二都物語」だ。
一八八七年に帝国ホテルが建てられた東京と、当時パリに建てられたエッフェル塔と、そこで開かれた万国博覧会、そしてフランス画家たちの印象派画風が真っ盛りにあったパリ。二つの都の歴史と文化と芸術を巡る物語が、古のホテルの写真と模型や、マッカーサー将軍の部屋、当時話題をふりまいた新婚旅行中だったマリリン・モンロー、エバ・ガードナー、チャーリー・チャップリン、ヘレン・ケラーなど、そこの常連だった世界の名士たちのエピソードで綴られ、絵画や当時のメニューまで見やすく展示されていた。
「伝統は次をひらめく」という詩的なコピーがあり、ホテル創立一二

○周年記念としてフランスのオルセー美術館の絵画展示会が東京国立新美術館で開かれているというので、一も二もなく駆けつけた。
東京大学生産技術研究所移転跡地に建てられた国立新美術館は、六本木ミッドタウンの近くだが、建物はもとより一五○点の展示内容は素晴らしいの一言に尽きた。よそる器も大事だが、やはりソフトウェアが核心だ。特にファン・ゴッホの「Ｔｈｅ Ｓｔａｒｒｙ Ｎｉｇｈｔ 星降る夜」と、ポール・ゴーギャンの「Ｔａｈｉｔｉａｎ Ｗｏｍａｎ タヒチの女」はキャンバスからはみ出し生きて動いているように呼吸していた。

アメリカに住んでいた頃、ワシントンとニューヨークで昔これらの絵を観たが、当のオルセー美術館には何度足を運んでも見られなかったとても貴重な作品だ。

ゴッホは生前その作品をパンと交換しただけで、まともに絵を売ることも周囲から認められることもなかった。恨めしい世の中に聴くこともない自身の耳を切り、精神病院で絵を描きもした。

長い間、誰もまともに評価しようとしなかった彼に百年後の人々は熱狂し、遅ればせながら息をひそめてその絵の前に列をなしている。だとすれば、彼は少なくとも百年も時代を先駆け、愚鈍なる後世の人々は、彼の心情を理解するのに百年かかったわけだ。

その輝く不朽の絵画と、悲惨な環境に耐え抜き、描き続けた彼の魂をまざまざと見たが、百年前のその魂と自らの心で交流している日本の観覧客の顔もまじまじと見た。

人生の苦痛としての傷を芸術にまで昇華させた、その深さと高さ、そして繊細の極地。真っ暗な空にまたたく星たちが港の海に照らされ燦爛とした場面。そして、タヒチの原初的な平和を、原住民の美しい原色で描写しきったゴーギャンの精神は、本や葉書にプリントされたものとは自ずと次元が異なる。

孤独にさいなまれながらも黙々とキャンバスと向き合ったはずのゴッホとゴーギャン。その凄まじい孤独に立ち向かい、苦悩と苦痛を耐え抜き、今こうして彼等と向き合う私と後代の人類に慰めとインスピレーションを与える、絵よりも美しい人間。胸を揺さぶる感動を伝える、誰もが予見しえなかった芸術家の時を経た勝利を、その果てしなき忍耐を思うと涙が出た。

もちろん、絵に値段をつけるならゴッホは歴史上誰よりも裕福な金持ちだろう。しかし、その孤独で険しい人生を死してなお乗り越えようとする、彼の分身であるその絵の前で、どうして「この作品はいくらだろう」などと浅ましいことを考えられるだろうか。

人類歴史の続く限り永遠に共にある芸術家との、情愛に満ちた出会いの瞬間であり、尊い時間だった。

東京における我が幼き日の「思い出の故郷」にして、身にしみて懐かしい父と共に過ごした帝国ホテルの二階、夜を明かし研究に研究を重ねてきたシェフたちの百年を越える歴史を宿すフレンチレストランでは、フランスオルセー展示館の絵画をテーマとした料理の芸術が繰り広げられている。

「二都物語」に展示されている、一二〇年前のシェフの緻密なメニューと苦心の跡がうかがえる美しい日記帳も注目に値する。

時を越えて見える
父の微笑み
東京帝国ホテルのロビーに立つと

向き合う絵は
百年を先駆けたゴッホの魂
星は輝くのに

帝国ホテル Imperial Hotel ロビーの壁全面を占める巨大な壁画

ああ、さくら

ー千鳥ケ淵

日本への訪問はいつもなら3、4日程度ですが、今度は東京、奈良、吉野山、京都にじっくりと2週間かけて滞在しました。

アメリカから故国韓国、韓国からアメリカへの訪問には数十年来一五時間もかかるのに、韓国と日本は都市によってはわずか一、二時間の短い距離です。

まだ学生だった一九七〇年に国際青少年会議のため初めて東京に行くことになり、日本語は一言もわからず、地球の果てに行くかのように緊張していた時代がありました。その後四四年、何度か日本を訪れましたが、一年三六五日のうち、わずか何日しかない桜の絶頂時に日本を訪れたことはなく、いつも早すぎるか、少し散り始めた頃、そうでなければほとんど散った後のことでした。

ソウルでは4月中旬過ぎから桜が咲きますが、汝矣島ではなく延禧洞の裏山と景福宮、そして青瓦

台の間にある桜を見ます。何年か前には我が家のすぐ前の道に、きれいだとは言えませんが、市が数十本の桜の木を植え、今では桜祭りが開かれるようになりました。

その日だけ夏が来たかのように暑かった日の翌日早朝、東京に行くその日に家の前の桜が一斉に咲いていているではありませんか。昨日まで寒い冬のようだったのに、こんなことは初めてだったのでとても驚きもし、例年より二〇日も早く、東京と同じ時期に咲いてしまってこちらの桜を見れないことが残念でもありました。

羽田に降りると、しとしとと雨が降っていました。空港まで迎えに来てくれた方に、桜が満開の時期に来たのは初めてなので、千鳥ヶ淵に行ってみたいと言いました。

母の新しい歌集を作るため、親筆の文章と講演、遺稿作をここ何年か研究していますが、その中に東京の千鳥ヶ淵の桜の話が出てきます。私は見たことがありませんでした。それが皇居の周辺であることを知り、何度か歩いてみましたが、いつもぎりぎりの日程に追われて桜を見ることは叶いませんでした。

東京に到着するや否や、ファンミーティングと昼食、そして鎌倉近くの横須賀まで移動して夕食とファンミーティングがありました。花より団子のたとえのごとく、一日中食べ物と対談でした。

翌日から3日間、千鳥ヶ淵の桜を友人たちと、あるいは一人で、昼と夜何度か行って見ました。都心の真ったただ中、皇居をめぐるお堀の両脇を二キロに渡り、薄桃色の桜が薄緑色の川に向かって滝のように流れ落ちていました。風がふけば3日ともたずに散ってしまうこの花を見るために、昼といわず夜といわずたくさんの人々が押し寄せてきます。神秘なるピンクの世界の中です。どう表現したらいいのかわからないせいなのか、それが日本人の特徴なのか、皆が列をなして静かに神様の新しい作品を鑑賞しています。

堂々とした木の幹は優に二、三百年の歴史を感じさせ、灰色の長い冬の後に迎えた生命の咲き出しとその上に降りそそぐ太陽の光をあびた姿に、いまさらながら生きていることの感激を感じている人々の表情を見つめました。一九四〇年代の留学生だった少女時代の母が見上げたその花を、実に七〇年後にこうして私が見上げています。

もったいない、もったいない

亡くなる前のある春の日、セブランス病院の病室で詩的とはほど遠い患者服にセーターを羽織らせて外に連れ出し、延禧洞の桜の花園を一緒に歩きながら、風に舞って体中に絡まりつく白い桜の花びらに、静かに繰り返しそう語りかけていた母の声が詩として聞こえてきます。

さくら花病棟の外吹雪かえばしきりに眼をひくその果てなさに
花あらし病む身取り巻き吹雪かえば哀れ哀れと悲鳴をあげる

孫戸研

絶頂を迎えて咲く東京の千鳥ヶ淵の桜

縁

岡野亞美、親子の話

この世に生きるのに、人との縁ほど大切なものがあるだろうか。海を越えたここ日本の人々との縁もまた然りだ。

わたしの知る日本人は、両親の同級生の方々、アメリカ留学時代に出会った友人、日本で発表されたわたしの本と文章、そしてその出版記念会を通して出会った人々、いくつかの都市でのスピーチや講演、詩の朗読会等で出会った人々、そして最近留学した同志社大学の先生及び学生たちと、大学の教会の牧師様と信徒たちだ。

しかし、そうしたカテゴリーにまったくおさまらない縁もある。

七年前のことだ。お昼ごはんを食べようと、家を出て景福宮の方に長い塀に沿って歩き、東十字閣の立つ三清洞入口に近づくと、そこに親子とみえる2人の女性がガイドブックにかじりついていた。外見は韓国人のようだが、ガイドブックから目を離さないのをみると外国人、というより日本人に間違いない。『May I help you?』と聞いてみると、三清洞のすいとんの店を探しているという。わたしも外国で

道を探して迷った経験があるが、当時の韓国でガイドブックをみて番地を訪ね歩くのは難しいだろうと考え、思わずそうしたのだ。

だいぶ歩かなければならないので、しっかりついてきてくださいとだけ言った。左側に景福宮の塀をはさみしばらく歩くと、いわゆる北村が始まる。両脇に並ぶお店を通り過ぎながら、ここが初めての親子に二言三言説明もはさむ。

ようやく親子の探していたすいとん屋に着いた。わたしは向いのうどん屋に行くのでというと、彼女たちはようやく探しあてた有名なすいとん屋には行かず、わたしについてきた。席を別々に座ろうとするので、ご一緒してもいいですかと聞いた。

店の主人にうどん3人前を注文すると、気のいい主人は蒸し餃子を一皿サービスするというので、ありがたいが、日本人はたっぷりとくれるよりも、かわいく盛り付けた適量のものを好むので、うどんも蒸し餃子も小さ目に出してくださいと、親子には聞き取れないよう韓国語でお願いした。わかったと言ったが、案の定、出てきた大振りの器いっぱいのうどんに仰天し、ついで巨大な蒸し餃子が八つお皿一杯に並べられたものが出てくるのを見て、親子は腰を抜かさんばかりに驚いた。

そうしたサービスのスタイルをその場で変えさせることもできないので、わたしは話題をそらして、あれこれと別の話をした。そうこうしながら、歌人である母の短歌を二つ三つ聞かせてあげると、母の文学館を見たいと言い出した。わたしは江南に約束があったのだが、彼女たちだけ行かせるわけにもいかず、時計をのぞき見ながら案内した。2人は日本人特有のつつましやかなスタイルで、わたしたち親子の作品を鑑賞した。それが全部だった。

その後、日本に帰国したオカノアミさんから手紙とプレゼントが送られてくるようになった。クッキーと本、コーヒーとお茶、イヤリング、あるときは寝巻きもあった。

ばかげた比較だが、ヨン様のことを思い出した。一時には彼のあとを追いかける日本のおばさんファンが三〇〇万人にもなったという。彼が通う清潭洞の美容院の前には、彼が来ない日でも二〇〇人あまりのおばさんたちが列をなしているのを見たことがある。

既に最先進国となった国、その便利で発達した文明には、かつては胸に秘めていた純朴さと温かさ、その純粋な愛が消えてしまったのかもしれない。フィクションとはいえ、韓国ドラマでヨン様に代表される純粋な愛を見て、あるいは実話である孫戸妍歌人の純然たるラブストーリーに涙を流し、こうした純粋なストーリーがいまだに韓国にあることに感動する、その感動の仕方は想像以上のものだ。

韓国もまた発展しながらそうした価値の多くを無くしつつあるが、そのたびに韓国に感動した日本人の姿を思い出す。わたしたちが世界に示すべき価値とは、そうした人間の心の奥深くをゆさぶるような感動ではないかと、しきりに思わされる。

オカノアミさんとその母親であるシミズさんに、わたしに真心と好意を寄せてくれる理由を尋ねることはしなかったが、特にこの親子をはじめとする何人かの日本人の精誠は感動的だ。

真心からの手紙とプレゼント、短期の東京訪問の際には、この親子が箱根や日光を案内してくれた。当然彼女たちは東京の近くから来てくれているものとばかり思っていたが、アミさんは二時間半、シミズさんは三時間半もかけて遠くからわざわざ来てくださったことを後で知って驚いた。朝早くから動きまわってくださったことを思うと本当に申し訳なかった。

古代日本の首都であった奈良から2時間ほどのところに吉野山がある。春には千本の桜が山に咲き乱れる村で、特に日本の古典文学選集である「万葉集」には、たくさんの歌人たちがその美しさを一行の短歌で表現しており、日本人であれば一生に一度は行きたいところだ。アクセスはちょっと不便だが、この親子と東京から電車を乗り継ぎ、春の千本桜を向かい側の山からいっしょに眺めたことがある。

同志社への留学期間中、秋の紅葉の盛りには京都で会うことにしていたが、わたしの試験勉強のじゃまをしないようにと、行きたくてもがまんしていたという細かな心遣いも見せてくれた。留学中にわたしが住んだ京都の六畳間を出てすぐの店にあるクッキーとお茶を、わたしがそれを好きだからというだけの理由で、東京から同じものを送ってきてくれるこの親子に、留学中は日本にいながらも会えなかったことが残念だった。今回東京に滞在する機会があったので連絡してみると、いつものように三時間以上もかけて会いにきてくれ、今度は神奈川県の鎌倉を案内してくれるという。

鎌倉は一二世紀から一四世紀までの約一五〇年間、鎌倉幕府があったところで、東京から電車で約一時間余り。人口は一七万人程度の小さな町だが、世界各国からの観光客が絶えないところである。学生時代にここの名物である高さ一三メートル、重さ一二トンの大仏を見て以来、実に四六年ぶりの再訪だ。

子どものころとんでもなく大きく見えたほどは大きくなかったが、相変わらずそこにデンとかまえて座っている勇壮な青銅のお釈迦様を見上げながら、いつも暖かな配慮と一途な心で接し、わたしがゆっくりと鑑賞できるように少し離れたところで静かに待ってくれているこの親子との縁を思った。

同じ題名の皮千得先生の有名なエッセイ「縁」のように、日本人女性朝子と出会い、淡い恋心を抱くそういう縁を期待していた方には申し訳ないが、日本での縁といえば真っ先に思い浮かぶのがこのオカノアミ、シミズ親子のことであるのは如何ともし難い。

最も近くにある国。

しかも、最近は格安航空便等により、たくさんの

鎌倉の大仏

人々が往来している。

政府や首脳レベルでの日韓関係もあるが、むしろこうした心を分かち合う民間外交こそが、隔たりのある隣国との差をより近く頼もしいものにできはしないか。ある初夏の一日、ソウルの東十字閣の見える三清洞入口で出会った親子を思い出すごとにそう思う。

み吉野に降りしく雨に濡れそぼち山路にたどる君の面影

孫戸研

嗚呼、津波

津波

何ごともなけりと静まりかえる海われら再びここに生きるらむ

ニュースでのみ見た日本の東北地方に行きました。

直航便で青森空港へ降り、母の歌碑を先に訪ねました。

雪国らしく雪がたくさん降り積もったそこに、母が立っているように歌碑がありました。

母と眺めたその歌碑をしっとりとした雪の中で見つめ、歌碑越しに太平洋に沈む太陽を眺めました。

三沢で一泊し、翌朝早くに岩手県に向かいます。左側に太平洋をはさんで走る海岸沿いの景色は絶品です。白い雪に覆われた山と谷を過ぎ、走っても走ってもなお続く青い海を見下ろしました。この静かな海が少し前に数多くの人の命を奪ったあの海と同じ海なのだろうかと、言葉なく走り続けました。

ついに大きな被害を出した岩手県宮古市の田老に着きました。

世界で最も高い堤防が長く伸び、これもまた高い階段を上って堤防越しに海を見ました。

これだけ高ければ安全だろうと、人間が推し測って建てた高い堤防を波はやすやすと越えて、数多くの人命と家と建物を押し流して行きました。

雪の積もった長い堤防の道を歩いたため、足がかちかちに凍ってしまったかのようでしたが、一瞬にして逝ってしまった魂のことを思うと言葉がありませんでした。

依然として目がさめるような美しい色の海であり、たくさんの人々が頼りとしてきた自然であり、故郷でしたが、家も村も消え荒涼とした今、それは人々の胸の中にだけ残されています。

ピンク色の花びらをあしらったかわいい一両編成の電車に乗りましたが、いくらも行かずに線路が途絶えて止まってしまいます。再び何時間かを走り、大きな被害を出した宮城県に向かいました。ここには気仙沼という都市がありますが、そこは津波が揮発油のタンクを押しつぶし文字通り火の海となったところです。

数多くの家々の跡だけが残っています。誰かの人生と愛の巣だったところ。

残った住民たちが共同で集まるホールが設けられていますが、そこで「李承信の詩朗誦会」を開きました。当時、船が途絶えて孤立していた大島からも、三〇分船にゆられて来てくれた人もいました。共感し感激してくれました。岩手県一関の国立工業大学の学長は、私の本を見て大学の卒業祝辞にその詩を引用してくださいましたが、その彼も三時間もかけて駆けつけてくださり、当時の話を聞かせてくれました。

波に押し流されてきた巨大な五〇〇トン級の船が、都市の真っ只中に魂のある記念品として立っているのを雪の中で見上げました。

その深い傷跡を見ながら、ふとポーランドのアウシュビッツのことを思い出しました。今や数多くの人々が世界中からその歴史を見るために押し寄せるアウシュビッツのように、この凄惨な場所に今は外地人の姿は見えないとしても、いつかはたくさんの人々が凄まじい自然の力ととるに足りない人間の力を見て感じるために訪れるようになるだろうと思います。

消えし故郷いかに虚しく寂しきか忘れることのできぬ温もり
祝福のときは来たらん深き谷その傍らに高き山あり

途切れた線路　一両編成の電車　岩手県

東日本最大の被災地 宮城県気仙沼市の真ん中に押し流されてきた巨船の前で

気仙沼への道

私は忘れたこともあるのに、東日本の被災地を再訪すると、当地の人々は忘れずにいてくれました。流されてしまった村はそのままで、工事の進行速度も思ったより遅いようであり、数十万人が依然として仮設住宅に住んでいました。

空からは雪が舞い散っているのに、日差しはことのほか燦々とし、数えきれない人命を奪った波は静まりかえって輝いていました。

昨年、ＫＢＳ（韓国の国営放送）チームとともに行った私の詩の朗読会に残していった本の一冊が、近現代短歌の父と呼ばれる落合直文歌人の生家文学館の館長の手に渡り、そこを訪れた短歌をつくる東北大学工学部教授に李承信詩人をぜひ探し出してほしいと頼んだそうです。その方がついに私を探し当てて、その文学館で三・一一大震災

詩人を紹介する東北大学工学部の福原教授

三周忌に私の詩の朗読会を行うことになりました。

仙台空港に教授夫婦がわざわざ迎えに出てきて、ご自宅に招いてくださった。いつもならホテル泊りだが、日本の家庭にお世話になるのは実に四〇年ぶりのこと。

三月一一日早朝、折からの諸行事のため、静かな東北地方の道も混み、普通なら二時間半あれば着く気仙沼までの道のりは遠いものでした。

人命被害がさらに大きかったのは石巻市ですが、気仙沼が世界的に有名になったのは、津波のためオイルタンクに火がつき、都市全体が火の海と化した姿が連日ニュースに流され、世界の人々の涙を誘ったためです。

五分遅れましたが、既に皆私を待っていました。朗読会に花を添えようと急遽、東京の能楽師を招請して三〇分間の公演を行いました。

そして、「李承信の詩の朗読会」。当地のマスコミに歌人である母の紹介をし、母の映像と昨年KBSドキュメンタリーとして放映された気仙沼での詩の朗読会の様子を見ていただき、スピーチと朗読をしました。

'李承信の詩の朗読会'
落合直文歌人の生家文学館- 宮城県気仙沼

日本でスピーチや講演をする際、よせばいいのにできもしない日本語でするのですが、私は日本の学校で勉強したわけでもないので難しくて仕方ありません。しかし、心だけでも伝えようと努力しています。

坂の下に位置するその由緒ある文学館の私が立っている右側、長く伸びた全面ガラス張りの戸越しに、あの津波の海が見えますが、まるで何事もなかったかのようにどこまでも平和で美しいばかりです。

私の朗読に続き、文学館の十八代目となる鮎貝館長に、その場で選んだ母の短歌を何首か詠んでいただきました。

三年前津波が襲ってきた二時四六分、サイレンの音が村に響き渡り、窓が開けられると、皆が一斉に海に向かって敬虔に黙祷を捧げました。粛然とした時間でした。あの日突然いなくなってしまった人たちは、皆この場にいる人々の愛する家族であり同郷の友でした。

館長の要請で詩の一首を白い色紙に書く 2014

来る前はとても迷いました。私としてもこれまでできることはやり、日本ではいつも歓迎されましたが、韓国では一部にせよ、どうして日本人のために力を貸し慰労までするのかと、日本人は嫌韓になったのだという声も聞きました。

でも、ここにいる人々の表情と心に接してみると、遠くから来た甲斐があったと感じました。韓国の心をはっきりと受け止めてくれました。

困難なときほど私たちがより広い心をもって隣国に接することこそが、先進国へと進む正しい道であると思わせてくれました。

暴風雨激しいほどに土の下深く静かに根を下ろす君
生き延びし命の意味を明かすべしあの日より後いや増す重み
この廃墟にもう花などはと思いしが君心あり花は咲くなり

李承信

奇跡の一本松

誰もが希望を持っている。

東日本を津波が襲った後、世界的に有名になった一本の木がある。太平洋沿岸の海辺にあった七万本の松の木は、あの瞬間みな波にさらわれてしまったのに、たった一本だけ生き残ったためだ。その木は二千名の人命が消えてしまった陸前高田市にある。

地上波テレビで見られるそのすらりとした木が希望の象徴となり、その一本の木が最後まで生き残ることで、自然災害がおさまり、行方不明になった愛する人々が戻ってくると信じて、皆が自身の願いを込めて祈った。

その瞬間、オー・ヘンリーの短編小説「最後の一葉」を思い出した。あの窓の外に最後に一枚残った木の葉が散らなければ、自分も死なずに生きることができると信じる少女のために、画家は葉が全て落ちてしまった木の枝に、絵に描いた一枚の葉を夜通しゆわえつけて自らは死んでしまう。

陸前高田の一本松は偽物ではなく実際に生きていることが異なる点だ。

しかし、何ヶ月かが過ぎ、木に浸み込んだ海の塩分のため、その希望の象徴も逝ってしまった。その知らせに接した瞬間、自分がオー・ヘンリーの最後の一葉のことを思い出したせいではないかと思った。

胸にともる希望の灯を消すわけにはいかないと、これを惜しんだ日本国民と世界から寄付金が寄せ

られ、芸術家たちの力と智恵を集めて、この木を生きた造形物としてつくり変えた。

私はその希望を見たくなった。

その日の朝、気仙沼市での朗読会のために出発したが、市のあちこちで3・11記念行事のため道が混み、運転してくださる福原幹夫教授も、これはもうあきらめるしかないと言う。東日本の太平洋沿岸の被災地は縦に長く、どこへ行くにも遠い。

しかたなく朗読会のことはあきらめたが、気がつくと福原教授がその一本松のあるところまで連れて来てくれた。駐車場からはこじんまりと見えた木が、かなりの距離を歩いて近づくととても大きな木だった。高さ30メートル、幅80センチ、樹齢270年という。

どれほど困難でどれほどお金がかかろうとも、生き返らせなければならないという意志には頭が下がる。死んでしまった人もそのように生き返らせることができればどんなにいいだろうか。

本来の姿は知らないが、大きな空と広々とした海と果てしない大平原、そこに一本の大きな木が立っている。一歩一歩近づきながら向いあった。数知れぬ人命と心と木が奪われたその歴史を見つめていた木だ。

その日は３・１１の三周忌であり、たくさんのリポーターたちがマイクを持って中継している。外国の放送局の姿も見える。この木をテーマにした演劇や公演が行われたという。照明装置があるのをみると、夜空を背景としてのライトアップも行われるようだ。

この海岸では千年前から松の木を防風林として植えた。私の詩の朗読会に来てくれたある青年が、自分の祖父の祖父はその松の木を植えたと語った。もう一度七万本を植えるために、すぐ隣の低い山を削り、津波でえぐられた海岸を埋める工事の真っ最中だ。

この奇跡の木一本で、この地域はいつかたいへんな観光名所となるだろう。たくさんの人々が希望のストーリーを訪ね求めてくるだろう。

なにもかもが消え失せてしまっても、自分だけは、自分の希望だけはあのように青々と生きているようにと、あの大きな木を眺めながら、そのような奇跡を夢見ることだろう。

人間は目に見えない神を敬い恐れるが、厳しい試練に生き残った一本の木を目にして、その霊を希望として頼りたがりもするのだ。

だからこそ人間だ。

そこにある感動のストーリー
世の中に満ちる感動のストーリー
見る目聞く心さえあれば

この町の歴史を見つめていた'奇跡の一本松'

それでも明日は来る

君よ

君よ吾が愛の深さを試さむとかりそめに目を閉ぢたまひしや

日本の青森にある母、孫戸妍の歌碑に刻まれた短歌だ。

ある日、日本の経団連顧問を務めた方から母のもとへ一枚のファックスが舞い込んだ。日本に孫戸妍歌人の歌碑を建てたいという。母の伝記を書いた作家の北出明氏が日本経済新聞に書いたコラムを読み、感動して車に乗りながら短歌を覚えているという。

小柄な母は心配が先立った。誰かが自分に土地や石を売りつけようとしているようだと。

わたしが出会った日本人の中で最も英語が達者で明るい、その経団連顧問の糠沢氏は本気だった。母が一九四〇年代に留学した東京であちこち当ってみたが、様々な規制があった。有力候補の一つは東京の中心に位置する皇居と帝国ホテ

ルの間にある由緒ある日比谷公園だった。しかし管理の面でふさわしくなかった。

紆余曲折のすえ、糠沢氏が二〇余年間代表を務めた企業のある青森を候補地として思いついた。その企業の附田会長が有志となり、自身の所有する広い土地のうち、海の見えるよい場所を喜んで差し出してくださった。

一九九七年　六月、こうして青森の太平洋を見晴らす場所に母、孫戸妍の歌碑が建てられた。韓国で生涯短歌を作り続けたが、その詩心は海を越えた日本で先に理解され、何かと尽力してくれることに母は申し訳ない気持ちだった。

青森は日本の本州最北端だ。たくさんの方々からどうして母の歌碑が青森に建てられているのかと尋ねられると、先のように答える。

青森は雪が何メートルも積もり、日本で最も遅くまでスキーを楽しむことができる。遅咲きの春の花が咲き、短歌文学館もあるところだ。

秋田県秋田市で、わたしの詩に日本の作曲家が曲をつけた音楽会が開かれることになり、その秋田県のすぐ上に隣接するのが青森県なので、まずは歌碑を見てから電車で秋田に行こうと考えた。京都から青森まで国内線飛行機で行き、電車とバスで秋田にくだって行事に参加し、また京都に戻ってくるのだが、往復の飛行機代はソウルから往復するよりも高かった。日本人が国内旅行をあまりしない理由でもある。

母の体のように歌碑は依然としてそこにたっていた。歌碑が建てられてからは毎年行事が催され、母とともにわたしも参加していたが、今度の訪問は四年前の二月にKBSのチームとともに訪れて以来のことだ。

母とならんで立った記憶で胸がいっぱいになる。歌碑のすぐ後ろには、百年後に開けることになっている、母の大切な原稿と遺品、父の遺品とを収めた二つのカプセルが埋めてある。母とともにシクラメンを活けた花瓶をおいて歌碑をながめ、母がソウルからもってきて植えた十本の木槿のまわりを歩き、眼前に広がる海を見た。

母とともに数百年の老舗温泉につかり、いつかは天皇陛下だけがお泊りになるという築六〇〇年の旧家に泊りもした。母の友人や弟子たちと一緒だったこともある。そうした折々に、少女のように興奮し頬を赤く染めて歌碑の前にある文化センターの舞台で慎ましやかに挨拶するチマチョゴリの母の上品な姿が今なお目に鮮やかだ。

母もいつかはわたしのそばからいなくなるなどとは考えもしなかった頃だ。京都の同志社大学でいつも眺めた、韓人会が建てた尹東柱、鄭芝溶詩人の七〇センチほどの小さな詩碑にくらべ、母の歌碑は二メートルを遥かに超える日本の有志たちによって建てられた素晴らしいものだが、もう二度と母とともに眺めることができないことがただ虚しい。

歌碑に刻まれた愛の短歌は、父の急逝に筆を持てなくなった母が、何年かの空白を経て再び短歌を詠んだ「第四　無窮花」に収められた愛の短歌のひとつであり、日本列島の琴線に触れたという短歌でもある。韓国にはそれまで母の心は知られることはなく、日本でも詩作半世紀にしてやっと知られるようになった。

父の死を束の間のたわむれかと詠んだように、母もまた母に向かう娘のこの愛の深さを試そうとしてその姿を見せないのではあるまいか。「わたしがこうして逝ってしまえば、この子は母恋しさに泣くだろうか、泣きはしないだろうか」とそっと薄目で見ているのではなかろうか。

韓国の新聞の旅行広告に青森行きの案内がある。韓国人が青森へ行くだろうかといつか気になって電話で問い合わせたところ、人気商品だという。とても清浄な地域で空気と水がよく、奥入瀬渓谷、湖、流れ落ちる滝を眺められる露天温泉があり、日本一のりんごの名産地でもある。静かに癒されるにはもってこいの場所なだけに、それも頷ける。

そこにある韓国人の歌碑のことを知っているかと問うと、知らないという。

ソウルからわたしと同行した何チームかの人々

歌碑の向いにある文化センターにかかっている歌人の肖像と
日韓両国語からなる平和の短歌

は、青森の自然に感動するが、その同じ人々が日本人が韓国歌人の詩魂を称え歌碑を建てたことに感動する姿もわたしは見た。

その前に立ったたくさんの韓国人たちの胸が深い感動に濡れる日が必ず来るだろう。

外国の土に慣じみて歌碑よ建てふたつの国を繋ぐ掛橋
孫戸妍

さい果ての青森に発つ
君ともに
歌碑は建ちにし
諍いはなし
桜と槿相次いで咲き
一行の詩に刻まれし愛
李承信

文化センターの壁にある
李承信の一行詩とその由来

花切手スピーチ

｜秋田の話

東日本を襲った大震災を韓国で連日見守りながら、涙を禁じえませんでした。

生涯韓国で短歌を作り続けた母を愛し、青森に歌碑を高く建ててくれた日本人を襲ったその大震災をもし母が見たなら、悲しみながらも真心のこもった一行の短歌で励ましたことだろうと思いました。

昨日、青森で見た母の歌碑には、こんな愛の短歌が刻まれています。

君よ吾が愛の深さをためさむとかりそめに目を閉ぢたまひしや

その母がもういないので、一つ一つ私が書き続けたものが二五〇首となり、その短歌のうち「花切手」を工藤雄一先生が選び、美しく手を入れて作曲し、韓国ドラマ「アイリス」のロケ地として有名な秋田県でこうして発表することになったことを、大変嬉しく、ありがたく思います。

願わくば、苦しみの中にある皆さまが力と慰安を得ることができますように。韓国の文学と日本の音楽で、日韓間の善なる心をつなぎあわせようとする工藤雄一先生の思いが成就しますことを切に願っています。

母の生涯の念願であり、私の望みでもあります。

◇　◇　◇

こんなスピーチを日本語でし、韓国語と日本語で詩を朗読した後、工藤雄一博士のオーケストラの指揮で二〇〇余名の合唱団とソリストが歌をうたいました。二番は作曲なさった工藤博士がソロをとり、私はそれを舞台の上に座って鑑賞しました。

幕の下りた後にも雷のような拍手がしばらく続き、全てが終った後、ロビーに私を待つ人々の列が長く伸びました。私の小さな心遣いに大きな感激で応えてくれた人々の表情と心に、むしろ私が感動しました。

このような機会は、二〇一三年三月に東京で開かれた私の「君の心で花は咲く」の出版記念会に、日本の著名なジャーナリストにして天皇の同期生でもある橋本明先生がご参席くださり、感銘を受けられたのか、その詩の作曲を工藤先生に依頼したことがきっかけとなりました。既に東京では二千名収容の音楽ホールで二回の公演をし、秋田市でも今度が二回目です。

マスコミを通しては、隣国同士の葛藤と否定的な面ばかりが強調されて見えますが、実際に一人の人間対人間として対すると、互いの心が温かく伝わってくることを感じます。

永遠に引っ越すこともできない私たちとしては、互いに仲良くなれるよう、先に近づいて努力し、
お隣同士のより良い関係、より良い世の中を私たちの後世に受け渡してゆかなければなりません。

花だけの春などあろうはずはなし
春の来らぬ冬もなし
花切手　切なる思いを伝えんと
君に送ろう届けとばかりに

苦しみと痛みの続く日々なれど
朝の来らぬ夜はなし
花切手　輝く朝日に思い込め
空に送ろう届けとばかりに

心して強く生きよう今日の日を
君が望んだ今日の日を
花切手　明るい明日に思い込め
天に送ろう届けとばかりに

雪国

崔秉孝大使が越後湯沢を訪れた文章を読み、ちょうど十年前の光景が映画のワンシーンのように私の前をよぎりました。

母が突然世を去って十余年。

幼くして母方の祖母に育てられたのが十年、大学卒業後にアメリカに留学して留まること二十余年、指折り数えてみれば実際に母とともに過ごしたのは何年にもなりません。

生きているときにはそれが当然のごとく思い、いなくなってみればあまりに名残惜しく、もったいなくて、その晩年に一緒に母の短歌を翻訳する作業を引き継ぎ、よくわかりもしないのに自分なりに母の足跡を辿ろうと、韓国と日本のあちこちを訪ね歩きました。その一つが越後湯沢、川端康成の「雪国」の舞台です。

母と直接関連があるわけではありませんが、日本初のノーベル文学賞受賞者であり、「雪国」を読んだことも

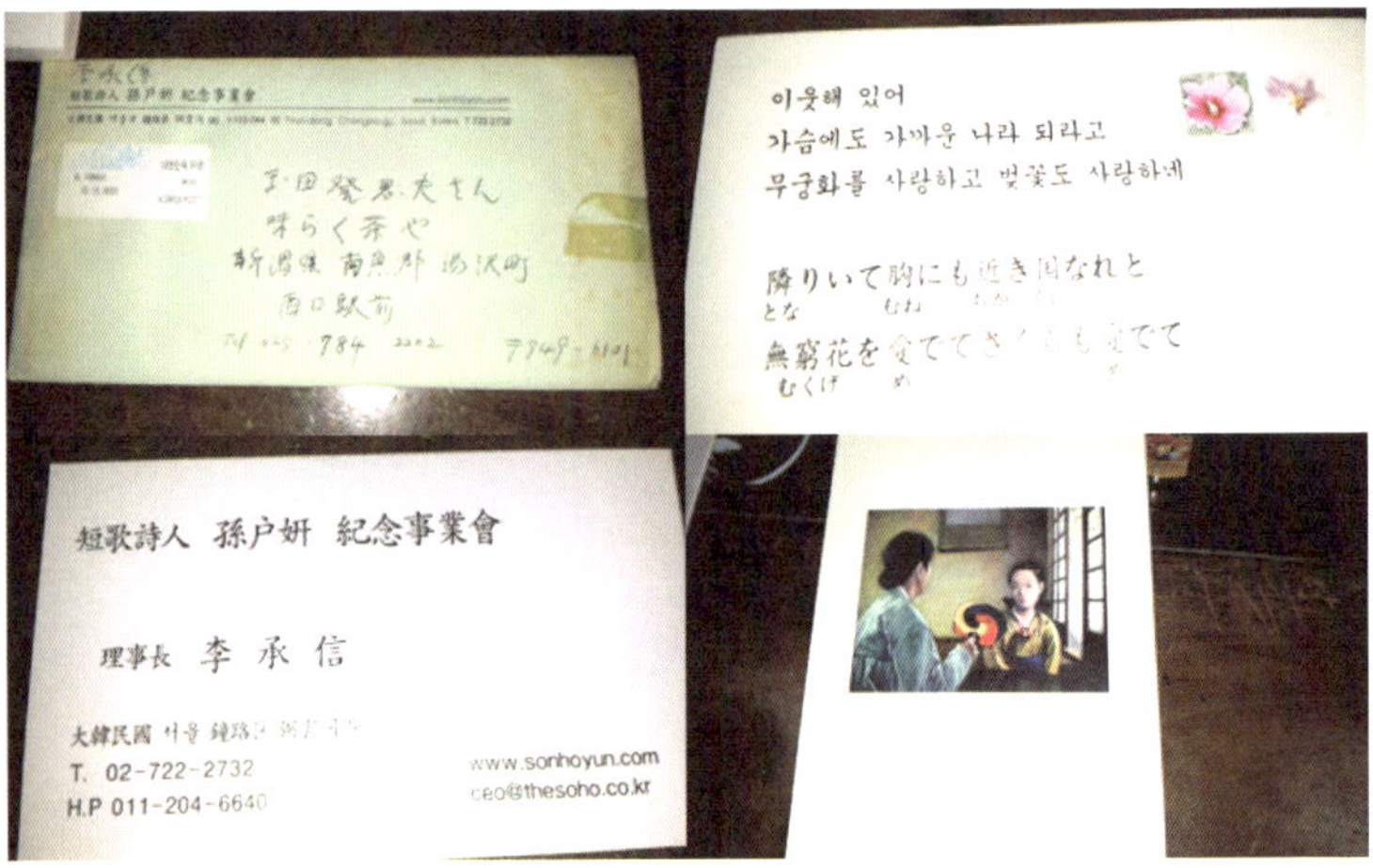

十年以上湯沢に収めてきた名刺手紙,‘孫戸妍詩画集’

あり、東京に行ったついでに汽車に乗り、その小説の有名な書き出し「国境の長いトンネルを抜けると雪国であった。夜の底が白くなった」を全身で感じながら駅に降りました。

昼食を食べそこねた午後、駅前に手打ちうどんと書かれた暖簾がはためいていました。小さな店内に入ると厨房がちらっと覗け、壁にある人の背丈よりもはるかに高い雪の壁を横切って歩く女性の絵が目に飛び込んできました。

当時、次の母の忌日に合わせて絵の展示会を企画中だったため、東京で名のある画家とも会い、湯沢にはただ大文豪川端康成の足跡を辿りに来ただけですが、最初の一歩を踏み出して出会ったのが「雪国」らしい湯沢の雪の絵でした。

うどんも期待以上で、この絵の画家の住まいを尋ねようと主人を探すと、厨房の奥にちらっと見えたうどんをこねていた男性が出てきて、その絵の画家は九十歳を越える女性で、今ではもう絵を描いていないと、すまなそうに言いました。

それでも何とか会えないだろうかとお願いしました。心では実際に会うことさえできれば母の短歌をテーマに絵を描いてほしいと説得することはできると考えていました。一度は断った方でも母の短歌に実際に接すると、それをテーマに新たな芸術を創作したくなる例をたくさん見てきたからです。

代わりに彼が近くの画廊を紹介してくれたので、タクシーに乗って秋の草原を越え、その花の絵の展示会を見て、たくさんの絵葉書を買いましたが、あの雪の絵が目に焼き付いて離れません。

うどん屋の主人にちょうど持っていた私が作った母の歌集を手渡し、この短歌をテーマに絵を描いてくれる世界レベルの画家を探していると説明してから、川端康成が何ヶ月か滞在して「雪国」を書いたという高半旅館に向いました。

一泊した後、歩いて駅前に行く途中でノーベル賞作家の記念館を見学し、駅前の例のうどん屋でまた足が止まりました。

結局、その老画家には会えませんでしたが、店のうどんの味は一級品でした。うどん屋の小さなホールからは厨房の中がよく見えませんが、私が入っていくと、うどんをこねていた主人がとても喜びながら出てきて、丁寧にお辞儀しながら、あの短歌集を夜通し何度か読み、感動と感激に言葉がみつからないと言うのでした。

東京で会った人々も一様にそのように感激してくれましたが、終日うどんを作り疲れたその手で夜遅くまで、魂のこもったページをめくってくれたかと思うと、店の主人のその手と心の姿勢に私も感激しました。

後湯沢の雪国の絵とうどん屋のオーナー玉田氏

主人が白い四角の色紙と筆を素早く取り出して、韓国語と日本語で短歌をひとつ書いてほしい、壁に貼って韓国から来たスキー客に見せたいと言うので、ちょうどそのころ、ソウルの日韓首脳会談で二人の首脳が詠んだ次のような短歌を書きました。

切実な望みが一つ吾れにあり諍いのなき国と国なれ

するととても恥ずかしそうに、もう一つだけ何か書いてもらうわけにはいかないかと言うので、ちょうど店の小さな庭に椿の花が咲いていたため、母孫戸妍が椿の花を詠んだ短歌から一つを書きました。

昨夜風に数多のつぼみ散らばれり椿の花と呼ばれもせずに

おいしくいただいたうどんのお金をとろうとせず、プレゼントまでいただき、私が駅に入って完全に見えなくなるまで、誠実に手を振り続けてくれました。

雪国の話が出ると、そのときのことが思い出されます。過去十年余り日本にスピーチや朗誦、講演のため数えきれないほど行きましたが、そのうどん屋を再び訪ねる機会はありませんでした。

崔秉孝先生と韓国の前職大使を務めた方々十余名が、スキーに行くついでに私の話した湯沢に立ち寄って例のうどん屋の主人と出会い、うどんをこねるその男性の感激につられ、自分たちも感激したという話を聞かされ、私までぐっときてしまいました。このような感動の連鎖こそ、互いに長く目をそらし続ける両国の首脳が出会うよりも遥かに感動的な心の輪であり、私たちの心を和ませるとても嬉しい報せなのです。

そうです。

今や二人の首脳に期待するのではなく、私たちが変わらなければなりません。私たちひとりひとりが韓国であり、私たちの心を全て合わせたものが私たちの品格なのです。国境を越えて繰り広げられるこのような両国国民の心の交流は、これまで凍りついてしまった両国の関係をついには溶かしてしまうことでしょう。

辛い歴史を忘れられないとしても心の澱を降ろし成熟した平和を祈る

李承信

三浦綾子

私が絶望しないで生きて来ることができたのは、「それでも明日は来る」という希望があったからだ。それがどんな明日であるかはわからぬにしても、とにかく神が私に与えて下さる明日なのだ。

そう思うと勇気が出た。

三浦綾子　『それでも明日は来る』より

日本留学を終え、帰国してから初めて訪れた日本は北海道だった。ソウルは猛暑続きだが、ここは日本の最北端に位置する島で夏も涼しいというところだ。

韓国の旅行会社の北海道観光コースには旭川が抜けていていつも行くことができなかったが、今回は決心して一日を費やし電車で旭川を訪ねた。毎日台風の影響で暴雨続きだったが、旭川に行く日だけは快晴だった。「それでも明日は来る」という言葉はそこで出会った作家、三浦綾子（一九二二〜一九九九）の随筆のタイトル

だ。

ああ、今このとき、それはどれほど私に必要な言葉だろうか。

留学を終えて帰国すると理解し難い出来事に見舞われた。想像もできない、説明もつかないあきれるような事態が続き、疲れ果てて空だけを眺めていた。どのように終結を迎えるのかわからずに不安と緊張の中で過ごした一日一日だった。

そこで突然出会ったのが三浦綾子だった。六〇年代、七〇年代、韓国でも「氷点」はもちろん、さまざまな翻訳エッセイ集が旋風を巻き起こした。今の村上春樹とは比較にもならない。日本植民地期を抜け出してそれほど経ってもいなかった時期に、日本の書籍が韓国でそれほど人気があったことが不思議だ。生の根源である原罪、愛、許しと和解をテーマとした「氷点」は韓国でドラマとしても放映された。

「道ありき」、「この土の器をも」、「光あるうちに」等の自伝小説は、私も女学校時代に感銘深く読んだ記憶がある。二〇代で肺結核と脊椎カリエスにかかり一三年間もの闘病生活を送る。病院で幼なじみの前川正の導きでイエスの福音を授かることになる。前川が結核で死んだ後、前川と顔が似た市の公務員だった三浦光世がキリスト教雑誌のインタビューのため綾子を訪れた。絶対に結婚はしないつもりだったという三浦光世は綾子との三度の出会いで綾子との結婚を決意することになる。一緒に過ごすのがたとえ三日間だけでも構わないという気持ちだったという。

結婚後、体を起こすことさえできない三浦綾子の小説を七〇編も口述筆記した年下の夫の献身的な

外助と尽力は聖なる境地という思いさえ抱かせる。三浦綾子が先に短歌を詠むようになり、続いて三浦光世も詠み始め、ともに夫婦短歌集を出しもした。彼らは大きな机に互いに向かい合って座り、お祈りをしてから文章を書き始め、終わるとまたお祈りをした。

旭川の家の一階で雑貨店をしていた一九六三年。四二才になった主婦が、寒い部屋で布団を頭までかぶって毎日夜一〇時から深夜二時まで書き下ろした千枚の原稿が、朝日新聞の当時としては破格の金額だった一千万円の懸賞小説に当選し、一躍世界的な作家になった。締切日に三浦綾子自ら原稿を抱いて遠い北国の北海道から東京の朝日新聞本社まで行き、その日の消印を二度も押したという。

「体で伝道ができないので、小説で伝道しようとした。選ばれなくても審査員たちは読んでくれるので、審査員だけでも伝道できると考えて私は『氷点』を書いた」。三浦綾子の当選所感だ。

三浦綾子の死の一年前の一九九八年に完成した文学館は、日本全国のファンたちの誠意により建てられた。雪の本場らしく雪の結晶をかたどった六角形の建物は、こじんまりとしていながらも、残された八〇編の作品の直筆原稿と膨大な取材ノート等の資料が展示されており、彼女の作品全体を一目にすることができる。映像で彼女の落ち着いた知的な音声も聞いた。

いつか母と話していて三浦綾子の名前が出ると、「彼女から手紙をもらったことがあるの」というので、とても驚いた。その手紙はどこにあるのかと聞くと、似たような手紙が日本からたくさん来るので、全部持っていることもできず、もうなくしてしまったと言った。母の短歌集「無窮花」の短歌を自身の随筆に引用してもよいかという問い合わせだったという。

'共に歩めば' 三浦光世・綾子夫婦の歌集

母の短歌集が出版されるたびに、日本の新聞に取り上げられることは知っていたが、母は私にとってはただの母であるにすぎなかった。そんな貴重な手紙を捨ててしまうなんて、というより、この母が自分の憧れる三浦綾子より格が上だとでも言うのだろうか。それまで母の短歌を一つも読んだことのなかった娘は、初めてそんな思いがわき出て、母の短歌に関心を持ち始めるようになったのかもしれない。三浦綾子のプレゼントだ。

それがどの短歌だったのか母の生前に聞き出せなかった私は、何年か前、西江大学で三浦綾子の小説が原作の「銃」という演劇を観たとき、ちょうどそこを訪れていた三浦綾子の夫、三浦光世にその話をした。おとなしいというのが第一印象だった。

そんなことを考えながら三浦綾子文学館に入って光世氏を探したが、昨年亡くなられたとのことだった。残念だったが、その話をすると担当者が、どの短歌だったのか調べてみますと言って、私を親切に案内してくれた。

作家夫婦の話をしながら、三浦綾子の容貌はそれほど美しいとは言えないのに、なぜそんなにも男性たちに人気があったのかと尋ねると、作家自身も容貌には恵まれなかったと書いているが、彼女と会話をするとその魅力にとらわれてしまうようだという案内人の言葉が印象的だった。

耐え難い苦痛の中でもそのような才能と、その芸術でた

三浦綾子文学館 - 北海道 旭川 2016 8

くさんの人々に神様とその福音を伝える文学的影響力以上の力が三浦綾子にはあり、何よりもその傍らにひたすら献身的なパートナーがいた。その献身的なパートナーは昨年亡くなる際に家とあらゆるものを文学館に寄贈したが、その中に三浦綾子へおくった一一通の熱いラブレターがあった。

悩みを抱えていた私に、それ以上の苦痛を信仰にもとづく重厚な作品と愛に昇華させ、数多くの人々に力と慰めを与えたその文章が胸に迫り、その中に宿る神さまの手招きが見えた。

遊びと休みでヒーリングを与えるための旅行で、胸の奥深くにその意味を宿らせることができるのなら、旅行もしてみるものだ。どんなに長いトンネルにも終わりが見える小説よりもさらにドラマチックな三浦綾子の生涯。初めて見た彼女の随筆集のタイトルだ。

病む吾の手を握りつつ睡る夫　眠れる顔も優しと思ふ

三浦綾子

草むらに白きふくらべの花を摘む今にをさなき妻と思ふも

三浦綾子

三浦綾子の男

昨年、世界に配信した「李承信の詩で書くカルチャーエッセイ」のうち、最も反響が大きかったのが「三浦綾子の文学館訪問記」だったので驚きました。韓国で六〇ー七〇年代に旋風を巻き起こした日本の作家でしたが、そのブームも四〇ー五〇年前のことで、一九九九年の逝去からも既に一八年になるからです。

中学生のころに読んだ彼女の文章が印象に残っており、誰かが北海道の彼女の故郷を訪ねると聞くと羨ましくもありました。遅ればせながら二〇一六年に訪れることができたわけですが、実に本を読んでから五〇年ぶりのことです。

一〇余年前、作家であり彼女の夫である三浦光世氏にソウルで会ったことがあったので、文学館で彼の姿を探したのですが、彼すらも亡くなったと聞きとても残念でした。三浦光世は絶対に結婚はしないと心に決めていた人ですが、結核で体を起こすこともできない三浦綾子に出会い、三日しか生きられなくてもいいから結婚したいと考えを改め、プロポーズしました。便器を横におき、ギプ

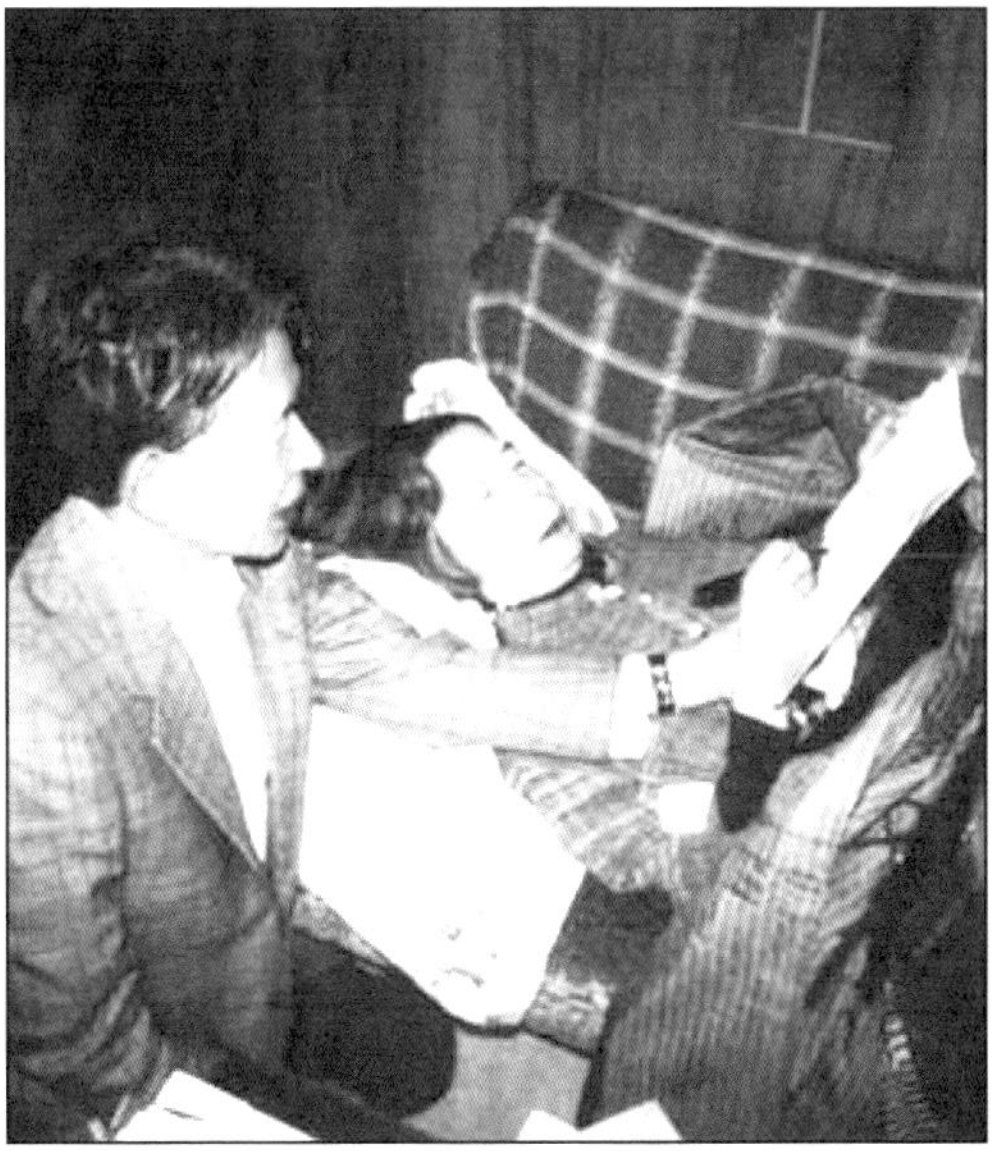

スで縛られ、いつ死んでもおかしくない女性にプロポーズするとは驚くべきことです。

一三年間背を起こせない綾子に代わって筆をとり、自分たちの雑貨店だけがうまくいくことに気がひけるので、早い時間に店を閉じて他の雑貨店にも客が回るようするかたわら、綾子には朝日新聞の新春文芸に応募する小説を書かせて見事に受賞する等、綾子に対する彼の献身は言葉では言い表すことができない境地です。

北海道旭川の文学館で二冊の本を買いましたが、そのうちの一冊が「ごめんなさいといえる」です。三浦綾子の自伝エッセイで、「短歌と私」という章が目を引きます。

入院していたころの綾子には前川正という婚約者がいました。クリスチャンとして伝道もしていましたが、短歌も作る彼が綾子に短歌を勧め、綾子が書いたものから選んでは雑誌社に送り入選もしました。

その前川が肺結核で世を去ると、彼と瓜二つの三浦光世が現れるのですが、光世が綾子を深く愛するようになった契機が、綾子が亡き婚約者を偲んで書いた挽歌一首のためだったと言います。


妻の如く思ふと吾を抱きくれし君よ　君よ還り来よ天の国より

愛する人の過去の男ともなれば嫉妬して当り前なのに、過去の愛にむせびつつ書いた短歌一首に惚れこみ結婚を決意するところに、常人には持ちえない彼の懐の深い愛を知ることができます。

その後、三浦綾子は夫にも短歌を勧め、夫婦短歌集「共に歩めば」を出すことになります。彼らが毎日文章を書いた大きな机に私も座ってみました。彼らは求道者のように毎日机に向かい合って座り、祈祷で文章を書き始め、祈祷で一日を終えたといいます。

三浦綾子の感動の作品群は、その横で支える三浦光世の献身なくしてはありえないものであり、光世の純粋な心と献身は作品以上の感動をこの世にもたらしました。そのような純粋さと利他的な精神ゆえに、三浦光世という名前までもが美しいものとして文学史に末永く残ることになったのです。

世界的な作品の裏には常にこのような感動のストーリーがあり、心を濡らし自分もまたそのように純粋でありたいと思わせます。

私は実にもう一人の最上の外助の功の人を知っています。私の父、李允模博士です。

母は生まれたのが日本植民地時代で、韓国の小学

三浦綾子夫妻が向かい合って毎日文章を書いた机

校、女子中学校では日本語が母国語でした。韓国語を使うとつかまるという時代で、東京留学を契機に短歌を学び作り始めます。その後、解放(日本の敗戦)が訪れ、母国語を変えなければなりませんでした。幼い頃から身につけた言語で書いた詩を一度に変えることが容易なはずはありません。

内容は祖国への愛と韓国人の情緒ですが、五七五七七の音律が絡みついて離れません。真の愛国者であればこれを捨てるべきだろうかと、半世紀以上夜も昼もなく悩み続けましたが、死ぬまで詩作の手を休めることがなかったのは、生涯その横で母を励まし献身した父の外助があったがゆえです。

三浦綾子の本の「短歌と私」という章には、自身と元婚約者が作った短歌と夫である三浦光世が作った短歌が、その背景の話とともに出てきます。小説よりももっと小説らしい、興味深く聖なる物語です。

いつだったか「無窮花の短歌を私のエッセイに引用してもいいか」と母に手紙を送ってきた三浦綾子と歌人の母のことを思い、文学館を去りがたい瞬間がありました。

夜半に帰りて衣服も更へず寝る吾を　この頃父母は咎めずなりぬ
三浦綾子の初入選作

降る雪が雨に霰に変る街を歩みぬ　今日より君は婚約者
三浦綾子

平和とは永劫の希望かと思ふ時　風見矢が方向を転じたり
前川正

君を想ふ夕べかなしくて袖に来し　白き蛾を鉢の菊に移しぬ
三浦綾子

三浦光世のこの短歌には説明が必要です。愛する綾子の病の重さに胸が詰まり、袖で涙を拭こうとしたら、ちょうど袖元に蛾が飛んできたので、手でつまんで横にあった鉢の菊に移したという情景を圧縮した短歌です。このように一行の短歌は小説よりも長く含蓄に富むため、これを外国語に翻訳するのは、もう二〇年も試みてはいるが不可能なことです。

日本の新聞に出た、「歌人孫戸妍の短歌には長編小説が入っている」という評を母はとても喜びました。

直島の空

失望させなかった。

島全体が美術館となった直島は。

日本の四国地方の島である直島については、廃村が一建築家による地中美術館の建立と家プロジェクト等により、世界から多数の観光客が訪れるようになっているという記事やコラムや動画を見てはいたが、今回香川県の補助金を少し受け取ることができ行けることになった。

韓国よりずっと暖かく穏やかなのに、日本人は突然寒くなったといって小走りだ。私は四国は初めてだが、飛行機に乗ったと思ったらすぐに降り、目に入る風景が韓国の南島のどこかのようで外国という気がしなかった。

日本建築の伝説となった安藤忠雄の名を私が初めて聞いたのは、七〇年代にワシントン市内の国立美術

草間彌生の鉄製‘かぼちゃ‘ – 香川県直島

館によく通っていたとき、美術館を建てた中国系の世界的建築家イオ・ミン・ペイ(I・M・Pe.i)とともに、日本で高校しか出なかった建築家がハーバードで建築学を教えているという話を聞いたときだ。

それから十年以上後、果川国立美術館で彼の展示があるというので、美術館の中で建築の展示とはいったいどういうことだろうと思いながら出かけてみた。新鮮な衝撃だった。彼の特異な哲学をうかがうことができ、何よりも面白かった。

ソウルであった彼の講演はチケットが高額であるにもかかわらず売り切れて行けなかった。彼の事務所があるという大阪に行くたびに、彼を一躍有名にした光の教会、水の教会を訪ねようとするが、タクシーで行くには市内から遠すぎるといわれ、時間の関係でいつも行きそびれ、次の機会にと思いながら未だに行けずにいる。

I ♥ you　アイラブ湯

打放しコンクリートによる彼の壁は、韓国のあちこちでそれに倣ったもＮＨＫることができ、済州島でも彼の作品を見た。　で現在携わっている中国プロジェクトだけでも六十個だと語っていた彼を見たことがあるが、まだ会ったことはない。

苦労して育ち、ボクシングのリングにまで上がったこともある。進学できなかった若き日にひとりヨーロッパに渡り、建築を見て歩いただけなのに、逆境を乗り越えプリツカー賞を受け、世界的な建築家としてそびえ立つ彼の人生とハングリー精神に、日本人は歓声を送る。中国における人気も高く、韓国でもかなり知られている。

高松に降りると目の前の海には無人島も含めて数千の島がある。１時間船にのり、そのうちの一つ直島に着くと、草間彌生の巨大な鉄製のかぼちゃが私を出迎えた。

島には仕事がなく住民たちがも去り廃村になっていた。近くの岡山が故郷の日本屈指の教育グループ、ベネッセホールディングスの福武總一郎会長が直島の土地を買い上げ、安藤忠雄と手を組んで「ベネッセハウスミュージアム」を作ったのが二十二年前。その後モネの作品(睡蓮)五点と、アメリカのジェームズ・タレル、ウォルター・デ・マリアという三人の作家の芸術のために「地中美術館」を建てたのが十年前、２０１０年には韓国の作家「李禹煥美術館」も誕生した。

公衆銭湯には　Ｉ　ＬＯＶＥ　ＹＯＵと書いて貼ってあるが、それが設置美術になっている。ＹＯＵは沸かした水を意味する日本語の「ゆ(湯)」に通じる。作品となった銭湯には実際に入ることもできる。ソウルに来た日本人たちが垢すりをするのとは発想が異なる。

空家のあちこちに列ができているので、ある一軒に入ってみる。まったくの暗闇の中に手探りで座り、目が慣れてくるのを4、5分待つ。真っ暗闇とばかり思っていた真空のような濃い紫色の光の中をわずかに歩くというだけのもので、あっけないといえばあっけないが、個人によって感じ方の差は大きいだろう。タレルのいくつかの光の芸術作品によって、暗闇と恐れというものは本来存在しないものであることを私は悟らされた。

彼方に小さな島々が見える海辺には、刺身の店や地元の有名な讃岐うどんの店一つくらいがあってもよさそうなものだが、看板一つ見えない静かで、ことあたらしくもない自然そのままの海に建築と作品がよく似合い、瞑想と思惟にはもってこいだ。

どうかしたおりに見上げる都市の空を当然のように思っていたが、高い天井に丸くあけられた制限された空を、熱のまわった暖かな石の丸いベンチに座って見上げると、感じがずいぶん違った。西洋人、特に芸術の国であり日本と共有するものもかなりあるように思えるフランス人たちが多く見かけられるが、初めて空を見たとでも言うように、無心に見上げてヒーリングしていた。

3年ごとに周りの十二の島で「瀬戸内国際芸術祭」が開かれており、小豆島と直島を2日で急ぎ足にまわり、讃岐うどんの一杯も口にできなかった短い日程だったが、節制されたた余韻があった。

1400年前、数多くの寺と建物を建築した百済が滅んだ際、全滅を免れた人々が日本の飛鳥、大阪、京都地方に定着したというが、安藤忠雄はおそらく百済の匠、安氏の末裔かもしれないとも思った。

建築は地球の姿を変えてしまう偉大な芸術だ。
直島の建築はその隠された肌の中にあった。

まあるい空があった
初めて見るように
土の中から見上げた
その空が
モネの芸術と
私を見おろした
ナ オ シ マ

安藤忠雄の力作、地中美術館 – 直島

コラムと記事

ハンギョレ新聞　二〇一七年九月一八日

［逝きし人の足跡］

その日が来ることも知らずに生きる

「誰もが一度は逝くけれど、私たちはその日が来るのも知らずに生きています」急逝した橋本明先生の東京での追悼式で司会者の語った言葉だ。

同じ日同じ時刻に千余名もが追慕に訪れたのは、橋本先生が尊敬に値する人生を生きた証だろう。生前の交流と広い人脈をあらわすように、日本の各界各層から人が集まった。

初めて橋本先生に会ったのは四年前、東京における私の出版記念会でだった。まわりの勧めでソウルで出版記念会を開いたところ、東京でもするべきだと勧められた。東京に住んでいるわけでもないのでどれだ

東京で行われた橋本明先生の追悼式 - 2016 8 24

け人を集められるか自信がなく、費用も相当かかるので反対したが、結局することになった。その前夜、ソウル光化門の崔書勉先生を訪ね、大きなホールを埋めなければならないので、心当たりの方がいればとお願いすると、手渡した本には見向きもしないますぐに東京の知人何人かに電話をしてくださった。

そうして翌日、橋本明先生が東京の出版記念会に参席くださった。行事の後、挨拶の長い列ができ、橋本先生の番になり、感激したというお言葉をいただきながら握手をしたが、私はそれが誰なのかも知らなかった。

崔書勉先生によれば、出版記念会に参加した何人かの日本人から「私と詩に何の関係がありますか」と不満そうだったが、行かなければ後悔するところだったと言っていただいた。その後、橋本先生は3度もソウルに来てくださった。

橋本先生は、共同通信の著名なジャーナリストとして多くの著書をもつ作家だが、学習院の初等科から大学までを当時の明仁皇太子と過ごし、今上天皇の同期同窓として広く知られている。父は検事、内閣総理大臣を務めた橋本龍太郎と高知県知事を務めた橋本大二郎は父方の従弟という家門だが、王族や貴族の通う学習院といえども、皇太子を迎えることは数十年に一度のことだ。三六名と三七名の2つのクラスのうち、皇太子は三六名のクラスだった。クラスメートも厳選されたはずだが、橋本先生はそこに入った。

日本では、天皇の学友を同期生とは言わず「ご学友」と丁寧語で呼ぶ。葬儀場にはサッチャー元首相等ヨーロッパの国家元首たちとおさまった写真の前に、生前の著書が並べられたが、「美智子さまの恋文」、「知られざる天皇明仁」等、天皇皇后に関する本は四冊もある。

短い間のお付き合いだった。ソウルで3度、東京でも3、4度、京都で勉強中にも訪ねてきてくださったことがあり、秋田でもお会いした。秋田はクラシック音楽が盛んで、毎年バチカンで合唱に携わってきた橋本先生が、日本の作曲家に私の詩に作曲を依頼し、オーケストラと合唱団による音楽会を催したことがある。先生はご夫婦で来られ、私とともに舞台でスピーチをした。東京でも同じ音楽会を二度したが、私は勉強のため行けなかったので、二千席の音楽ホールで、橋本先生が韓国で作られた詩に日本で曲がつけられた経緯を説明してくださりもした。

橋本先生は情に厚く、とても人間的な方だった。先生は韓国を勉強する東京の「日韓談話室」の代表も務め、ソウルから講演に来る九一歳の崔書勉先生のことを常に心配し、万一のことがあればすぐに知らせてほしいと私に言っていたのだが、その方が先に逝ってしまった。

最後にお会いしたのは、五月二七日、日韓関係の最高権威である崔書勉先生について橋本先生が書いた「韓国研究の魁 崔書勉」の東京での出版記念会だった。ぜひ参席してほしいと電話があったので駆けつけると「本当に来ましたね」といって喜んでくださった。崔書勉先生を長年見続けて書いた本の出来栄えに満足したのか、壇上でもたくさんのお話をされた。

あんなにも健康そうだった方が、翌日病院に検診を受けにいき、2ヶ月の入院後にそのまま逝ってしまったとは、信じられないことだ。もっと残念なのは、橋本先生が、一九七四年の文世光事件(陸英修女史被殺)に関するインタビューのため初めて韓国を訪れて以来親韓派となり、日韓関係に関するたくさんのコラムと文章を書き、日韓関係が過去を越えて未来に踏み出すためには、天皇の訪韓が最もよい契機となるだろうと主張し、その実現のために努力していたためだ。

日本の葬儀は韓国と似ているが、いくつか異なる点も目につく。極めて静かで敬虔だった。特に驚いたのは、ソウルからご夫人にお悔やみの電話をかけると、突然のことにも悲しむ様子もなく、いつもよりも明るい声音だったことだ。父の急逝に一年も入院し、葬儀にも出られないほどに悲しんだ母のことを思うと、今も胸が痛むほどなのに、悲しむそぶりのないことが理解できなかった。崔書勉先生に「これはどういうことでしょうか、韓国人は泣かなければおかしいと思われ、お金をやって代わりに泣いてもらいさえするのに」と聞くと、「それが日本人の教養なのさ」とおっしゃった。

逝去から十日後の夕刻にお通夜をし、翌朝が葬式だった。韓国では葬式前の3日間にいつでも訪ねて行って別れを告げるが、日本では時間を決めて一度に集まって弔う。たくさんの人が集まり、ホールの外にも数百人が列をつくり、一人ずつ別れを告げた。敬子夫人は通夜では黒い洋服を、葬儀には黒い着物を着た。海苔とお茶と鮭の香典返しをいただいた。2階の大きな食堂での食事は日本らしくお寿司だった。

通夜と葬儀に参席し、明るく笑っている写真と棺のなかの姿を見つめながら、朝鮮半島と東北アジアに危機がおしよせている今、両国の深く厚い関係のための「巨星」を失ったことが惜しまれてならなかった。

死が悲しいのは、この地上で二度と会えないからでもある。

こうして目で見ていても、私たちはその日が実際に訪れることを知らずに生きているが、願わくは、橋本先生が四三年間抱き続けてきた韓国への愛と、よりよい日韓関係のため心を尽くして献身してきた先生の情熱が冷めることなく、日韓両国に引き継がれていきますように。

次は誰が帰らぬ人となるものか知らず葬儀の列に連なる

孫 戸 妍

削っても削っても長くなる上記拙文を、歌人孫戸妍は遥か昔に一行でこう縮約している。

皇太子とともに 学習院時代
右から二人目が橋本明先生

橋本先生との音楽会 - 秋田 2016 9 15

中央日報　二〇一一年三月一一日

日本の底力と眼識

少し前、サムスンの重役と話す機会があったが、その中で「日本のソニーの重役たちはサムスン電子の最近の成果に打ちひしがれているようだ」と多少威張り気味の発言があった。

私もサムスンにいたことがあり、韓国国民の一人としてその眩しいばかりの成果は大変誇り高く、嬉しくも思う。しかし、まるで韓日間の格差が一気に縮まったかのように、いや、韓国がとうとう日本に打ち勝ったかのような、韓国社会の一角の雰囲気には問題があると思う。私はむしろアメリカで長く仕事をしてきたアメリカ通であり、日本という国とその文化の深さを知っているわけでも、特別な愛情を持っているわけでもない。

しかし、母国語を奪われた帝国主義日本の植民地期に生まれ、一行詩である短歌を学び、それを書き紡いできた歌人である母の本を翻訳出版し、関連映像コンテンツ等を制作しながら、その精神と価値を世界に知らせることを通して、日本とその文化、そして日本人をわずかながらも理解するようになった。

日本人は教養のある勉強好きな民族であり、読書率が世界一位で、その繊細さと緻密さは並ぶものがない。そして日本を旅したことのある人なら誰でも知っているように、日本人は親切で犯罪発生率は世界最低だ。

しかし、私が何よりも驚かされるのは、日本人はほとんど全国民が詩人であるということだ。日本の詩の二つのジャンルである短歌と俳句を日本人は詠みもし書きもする。朝夕刊のある水準の高い新聞は、毎日詩にたくさんの紙面を割いている。TVをつけると有名人が座を囲み、一つの題目をめぐって短歌や俳句を作る。昔オスローにある日本文化院で日本の文化として、やはり短歌を伝播しているのを見たこともある。

日本の皇室の新年始めの行事には「歌会始の儀」というものがあり、短歌の大家が宮中に招待され、天皇皇后両陛下の御前で選に預った歌が披講される。イギリス女王をはじめ、世界のどの国でも指導者が詩を詠み披講するなどという話は聞いたことがない。

最近、東京を訪問した際にも、「百人一首」という古代万葉集時代の短歌詩人百人の詩を一首ずつ冊子とカードにした歌留多ゲームがあり、小中学校ではその百首の短歌を覚え、互いに取り合う競技があり、正月には家族団欒の場で遊びとして楽しみながら、短歌が日本人の生活に深く根付いていることを知った。

この万葉集と短歌は日本が誇る精神的財産であり、全世界が日本の高級文化として理解している。しかし、実はこれは一四〇〇余年前に百済人が日本に渡った際に伝えた韓国の詩なのだ。私たちがもともとは私たちの宝であったことに気づきすらしないうちに、日本は世界にそれを伝播し、アメリカの大学やヨーロッパでは英語やヨーロッパの各国言語で、その節制された一行詩を学び、詠みもしている。日本の高級なイメージがさらに高まることはもちろんだ。

その晩年にいたるまで祖国では誰一人として理解者を得られなかった孫戸妍歌人を、日本の天皇は「歌会始の儀」に大家として招請し、その読者たちは日本の青森県に歌碑を建てた。また、日本の総理大臣が首脳会談の演説で孫戸妍歌人の短歌を詠み、その平和精神を語るのを見ながら、私は日本人の底力について考えざるをえなかった。基本に加え、実力と眼識を備えた日本に対し、今、韓国が半導体等のいくつかの商品、それも私たちの独創的なものは少なく、日本に学びベンチマーキングして発展させただけのもので思い上がることは、明らかに考え直す必要がある。

日本国民の相当数が百済の後裔であり、私たちと同じ血統だという説がある。私たちは経済的な理由や計算によるのではなく、同じ血の流れる民族が多く住む隣国に対し、真心と愛情をもって接し、学ぶべきは学ばねばならないはずだ。常に勝ち続けてきたサッカーにおいても形勢の逆転があった。まるで韓国が日本に追いついたかのように考えたり、ましてや日本の底力を侮るべきではない。

李　承　信
詩人・孫戸妍短歌研究所　理事長

日本 民団新聞 二〇一六年八月一五日

李承信の「韓日関係を思う」

切実な願いが一つ吾れにあり諍いのなき国と国なれ

この一行の歌は、歌人孫戸妍の切なる思いを込めた歌として、盧武鉉大統領と小泉純一郎首相の青瓦台での首脳会談の中で、そして会談後の記者会見でも詠まれて、その精神が語られました。

歌人が世を去って1年後の二〇〇五年の初頭、ソウルで「韓日友好の年」が宣布された際に聞いた盧武鉉大統領と日本の代表として来られた森前首相の素晴らしい演説に、歌人の平和精神がそこに宿るならば完璧なものになるだろう、という思いがすっと心をよぎりました。

ところが、すぐに独島をめぐるデモが連日起こるようになり、韓日友好の年が色あせてしまいました。

心配のあまり、同年六月二〇日の韓日首脳会談に先立ち、盧武鉉大統領に孫戸妍の平和精神と歌をお伝えし、歌人の切なる願いをお話ししました。日本側へは歌人の伝記を著した日本人作家と衆議院議員の方を通してお会いした森前首相に歌集をお渡ししたのですが、彼は歌集を当時の小泉首相にも伝達してくださったのです。小泉首相が間に立って下さった衆議院議員の方に電話で歌集のお礼をなさったということを聞き、首脳会談での言及があるだろうと直感しました。

9年前のその瞬間が思い浮かぶのは、その時の韓国におけるデモが大変なもので、マスコミの影響で全国が何カ月も沸き立っていたにもかかわらず、今ほど最悪の韓日関係にまでは至らなかったためです。

私は今、歌人の娘として、重い心でこの一文をしたためています。

日本植民地時代に生まれた母は、多くの差別と痛みと傷を受けたにもかかわらず、お互いに葛藤なく平和に暮らせたら、という気持ちを生涯持っていました。

地球上のどの国であれ、隣国と問題のない国はないでしょうが、私たちのもっとも近い隣国との地理的・歴史的関係から引き起こされたことは、今や国交正常化後もっとも長い不和の期間となり、植民地時代の経験のまったくない私の胸も押さえつけています。

歴史認識、独島領有権、慰安婦問題、日本の集団的自衛権行使の問題などにより、韓日関係が一歩も進まなくなっています。

日本の安倍政府は、問題があれば会って対話しようという意思を伝えており、韓国の朴大統領は、お互いの見方の違いだけが浮き彫りになるなら会う意味はない、という立場です。

何よりも悲しいことは、以前にはすこしばかり反感があっても、国民たちはそんなことは政治家たちの事情に過ぎないものと見なして、それほどぎすぎすしてはいませんでした。しかし今は、そうした関係がだんだん長引いて、嫌韓だとか反日だとかいう語彙とともに、国民の気持ちが沈んでしまったことです。

3年前、東日本で大地震が起きたとき、私は驚きながら、韓国人として日本の宮中歌会始に招かれ、日本の読者たちの手で青森県に高い歌碑を建てて頂いた母がもし生きていたら、どんな言葉で慰めたであろうかと思い、二〇〇余首の私の短歌集を韓日両国で出版したことがあります。

それがきっかけで、毎年三月一一日に最大の被災地の宮城県気仙沼に行き、歌の朗読とスピーチを行ってきましたが、人々が感激して、「韓国国民の気持ちは両国政府の気持ちとは違うんですね」

と言っていました。

誤解が解けたような、韓日の良い関係を願う彼らの表情に、かえって私が感動と力を与えられました。

日本の人口の相当数が一四〇〇年前に海を渡ってきた百済人の後裔だということを日本の専門家から聞いたことがあります。

経済、安保、政治、どれも重要ですが、何よりも同じ血を引く血縁だと思うとき、誠実と愛情のある良い関係を一日も早く持てるよう願うばかりです。


隣いて胸にも近き国なれと無窮花を愛でてさくらも愛でて

母が逝ってから、日本の出版社の方に聞きました。

私が韓国語への翻訳版で「보다듬고」と訳した「愛でて」という言葉には、「庇う」「耐える」「かわいがる」「抱擁する」「許す」「嫌いでも会って抱きしめる」「愛する」など、さまざまな意味が込められているのだそうです。

歌を解説してしまえばその独特な意味が飛んでしまいますが、その豊かな意味を帯びた「愛でて」を選んだ母の深い心持が私には分かるような気がします。

いかなることであれ、人のすることです。

そうであれば、何よりもまずは心が無ければなりません。

たやすいことではありませんが、そういう気持ちを持とうと歌人は心に決めたに違いありません。

つまるところは心です。

両国政府はもちろんのこと、国民もそのような気持ちを持とうと心に決めて、韓日修好五〇周年の来年を意味深いものとして迎えることを祈ります。


痛む過去わだかまりを捨て求めるは互いを称える大人の平和

李承信

中央日報　二〇一三年四月八日

「真率な心は国境を越えて伝わるもの」

孫戸妍・李承信親子詩人の家

目に見えど　この胸に事実伝いくる　傷負い痛む　君のその胸
君の胸　さらに大きく暖かく　その悲しみの大きさほどに
花だけの　春などあろうはずもなし　春の来たらぬ　冬もまたなし
再出発　命拾いし吾等から偉大なるもの　築き上げゆく

三月二〇日、日本で出版された詩人李承信の「君の心で花は咲く」（下記写真）にある詩の一部だ。この詩集には二〇一一年三月一一日、日本の東北地域を襲った東日本大震災の惨状にみまわれた人々への慰めと、苦痛を踏み越えて未来に向って進もうという希望の詩篇一九二首が収録されている。本を出したのは日本の飛鳥新社、「百歳詩人」の柴田トヨを発掘し、日本社会に大きな反響を引き起こした有名出版社だ。大震災から一年が経ったが、東日本大地震の惨状は現在進行形だ。公式集計された死亡者だけで現在一万五九〇〇余名、行方不明者三二〇〇余名だ。日本政府は被害額が最大二五兆円(約三四五兆ウォン)にのぼるものと推算している。福島第一原発の放射能漏出事故のため故郷に背を向けざるをえなくなった人だけでも数万名だ。李詩人は「災難を見守った方なら誰もが衝撃とともに胸の奥深くに憐憫の情を感じたはず」とし「わたしも連日報道に接してはらはらしていたが、ある瞬間その心が詩となって溢れ出た」と語った。そのように書き下ろした詩は二五〇余編に達した。その切々とした詩は日韓の言論にも知られた。

昨年三月二七日付の中央SUNDAYと日本の朝日、産経新聞にその詩の一部が載せられ、日本人の反応は熱かった。李詩人は「東京大学の総長等学者、文学者等の有名人から一般人にいたるまで、切とした感動と感謝の心のこもったたくさんの手紙が来た」とし「人間に対する真の愛情と憐憫が詩を通して国境を越え、心が届いたことを感じた」と語った。二五〇余編の詩から選んだ一九二首が昨年九月に国内にて「花だけの春などあろうはずもなし」(ソチュン)というタイトルで出版された。この本の出版後、反響はさらに大きくなった。本にはハングルの原本と、これを日本の短歌形式に合わせて日本語で翻訳したものをともに載せた。森喜郎元日本総理は、少し前国会議事堂にて李氏とともに1時間ほど本のページを繰りながら詩を詠んだ。

森元総理は「外国の詩人がこのような詩を書くとはただただ感動だ。これらの詩は教科書に載せるべきであり、たくさんの日本人が読まねばならない」と語り、その場で百冊の詩集を注文した。昨年一〇月、東京で開かれた「韓・日交流まつり」の行事を訪れたチェ・グァンシク文化体育部長官は、祝辞で李詩人の詩を引用し「このような精神こそ両国が共有しなければならないもの」であると強調し、共感を呼んだ。祝辞が終わるや、その場に参席していた鳩山由紀夫元総理、山口那津男公明党代表等、与野の指導者たちが雷のような拍手を送り共感していた。

武藤正敏日本大使も今年三月一一日の大震災一周期を迎え、韓国の寄付者たちを招待した行事で、やはり李詩人の詩を引用し、感謝の意を表した。李詩人の詩が両国外交関係に少なからぬ寄与をしているかたちだ。

反響が大きかったことには、詩を日本の伝統詩である短歌で翻訳したことが一役買っている。漢詩に対し日本の固有の詩をまとめて和歌というが、いくつかの形式のうち特に短歌がその代表格である。五 七 五 七 七の全三一文字からなる短歌は、一七文字からなる俳句とともに日本が最も大切にしている文学ジャンルだ。日本人の精神的支柱であり、「心の故郷」とも呼ぶ。一行の短歌に対するときの思いには、あわれさ、懐かしさ、悲しさ等がそっくりそのまま込められている。

当然日本の必須教育課程に取り入れられており、幼いころから有名な短歌を学び諳んずる。また、短歌を作る詩人を歌人と呼んで待遇する。李詩人が短歌という形式をとったのにはまた別の理由もある。李詩人は韓国人としては唯一、生涯をかけて短歌創作活動をした孫戸妍歌人の娘だ。日本植民地時代に東京に留学し、日本の短歌の詩聖と呼ばれた佐々木信綱に師事した孫詩人は、帰国後も六〇余年間に二〇〇〇〇余首以上の珠玉のような短歌を残した。孫詩人の歌集は日本で全六巻が出版され、一九九七年には青森に歌碑が建てられた。孫詩人の短歌が国内で注目されたのは、二〇〇五年六月の日韓首脳会談の場においてだ。小泉純一郎日本総理(当時)は、会談と外信記者会見にて孫詩人の平和の短歌を詠みあげた。「切実な望みが一つ吾にあり諍いのなき国と国なれ」という一行に深く両国の友好を願う切なる心情が込められた短歌だ。

李詩人は「母は短歌の根は百済と新羅の郷歌であり、韓国から伝えられたものと見ていた」とし「三百年を越す韓屋で韓国の情緒を込めて短歌を作った」と語った。孫詩人は一九九八年、天皇が皇居にて主催し NHK で生中継される短歌朗読会である新年御前歌会始の儀に外国人として初めて短歌の大家の資格で招請され、韓服を着て参席した。しかし、李詩人は短歌の根について語ることよりもさらに重要なことは、短歌の中に普遍的な人類愛を込めることだという。李詩人は「韓国は面積や人口、経済力、軍事力等では決して大国になることはできない」とし「しかし、私たちの心と考えを育てること、それが結局は国のリーダーシップとなり、私たちの大きさになっていく」と語った。そのような心を表現する方式として文学が重要であるというのが李氏の考えだ。だからといって、外交を考えるような物々しい覚悟で詩を作るのではない。

李詩人は「母であれば自身の心を先に認めてくれた隣国の災難に心を痛め、真心込めた短歌の一行を作ったはずと考え、列をなし皆がお金だけを寄付するのを見て、傷ついた心に届けと一行の詩を書くことになった。日本人の熱い反応を見て、真心は国境を越えても伝わることを今さらながら悟ることになった」と語る。このようにして今度は日本で本が出版されることになった。今度の本は日本語での翻訳方式が全く異なる。短歌に翻訳すると文字数と韻律を合わせなければならず、現代日本語では使わない古めかしい表現が多くなる。

昨年翻訳した詩篇がそうだった。今度は現代日本語で作った。若い読者たちにも広く読まれることを意図してのことだ「ソーシャルネットワークサービスSNSにより地球は一層狭くなり、どこにいても人類は『一つの家族』であるという自覚が必要。わたしたちの真心を詩というもう一つの言語に変えるとき、そこに愛情と魂が宿っているなら、結局はそれが万国共通語になるのです」と、世界唯一の親子詩人の娘は力強く語った。

イ・スンニョン記者

朝日新聞　二〇一一年三月二七日

隣人の大災難に深き痛み

韓国から短歌の祈り

隣国の大災難に胸つぶれ寝返るばかりの眠りなき夜

大震災に襲われた日本の復活を祈り、二〇〇首の短歌を詠んだ韓国人女性歌人がいる。彼女の亡くなった母親は、日韓関係が厳しかった時代に、批判を受けながらも短歌を作り続けた人物だ。「母が健在なら、きっとこう詠んだでしょう」

この女性は、ソウル在住の李承信さん。母の孫戸妍さんは植民地時代の一九二三年に東京で生まれ、日本で短歌を学び、帰国後も歌を詠み続けたことで知られる。

「切実な願いが吾れに一つあり諍いのなき国と国なれ」二〇〇五年にソウルであった日韓首脳会談直後、当時の小泉純一郎首相が記者会見で、孫詩人のこの歌を披露した。

李詩人は日韓友好を心から願った母の功績を伝え続ける。その傍ら、自らも韓国語で歌を詠む。今回、震災を思って詠んだ二〇〇首は日本語にも訳した

荒蕪の地消えた家族と町並みに静かに咽び涙する君

韓国で大きく伝えられる、秩序正しい被災者の行動も取り上げた。

惨事にもなお慎ましきその列は切なる祈り吾らへの教示

危機の中さらに際立つ真の美日本の配慮と忍耐こそは

李詩人は「韓国からは隣国として多くの物資が送られた。でも、私たちの思いや真心も伝えたかった」と話す。

箱田哲也記者

中央日報　二〇〇五年六月二四日

首脳会談で注目をあびた孫戸妍歌人の娘李承信詩人

母の詠った「短歌の平和精神」韓日両国の関係に伝わり満足

韓国唯一の短歌歌人であった孫戸妍女史の生涯と作品世界が新たに注目をあびている。二〇日、韓・日首脳会談で、その作品と平和精神が話題となり、硬かった対話の雰囲気を多少なりとも和やかなものにしたことが知られたためだ。

日本の小泉総理は会談直後に報道陣との会見の場で、「切実な望みが一つ吾にあり諍いのなき国と国なれ」という孫歌人の詩を引用しながら「私もそのような心をもって両国関係の発展のために努力したい」と語った。

小泉総理が首脳会談でこの詩に言及し、自らの気持ちを表したのには、孫歌人の長女である李承信詩人の隠れた努力があった。「孫戸妍記念事業会(www.sonhoyun.co.kr)」理事長である李詩人は、首脳会談を前に日本の関係者に孫歌人の作品集とその一代記を収めた六〇分のドキュメンタリービデオを送った。韓国の関係者に対しては日本での孫歌人の影響力を知らせ「文化外交」の重要性を強調した。李詩人は小泉総理の会見場面を見守った後、「母が生涯短歌を通じて詠った平和と愛の精神が韓日の両国関係に伝わりありがたく思う」と語った。

孫歌人は六〇年間に二〇〇〇首以上の日本語短歌を書いた。作品の中には韓日両国ならびに世界平和を念願する内容が多い。

短歌は三一字からなる五、七、五、七、七調の短い定型詩であり、日本では和歌と呼ばれる。日本の国詩とされているが、その原型を遡れば百済の郷歌にたどり着く。孫歌人が「韓国人がなぜ日本の詩を書くのか」という非難を甘受してまでも短歌をあきらめないのは、「百済人の魂」を守るという信念をもっているからだ。彼女の短歌は「チマチョゴリ装いながら吾れは嗅ぐ千歳の前のその残り香を」のように韓国の伝統的な情緒がたっぷりと込められている。

孫歌人は一九四一年の日本留学中に短歌の大家である佐佐木信綱に師事した。留学時代を除けば生涯ソウル弼雲洞の韓屋に住みながら詩を書いたが、国内でよりも日本で有名だ。日本の有名出版社講談社から五巻の「無窮花（ムクゲ）」シリーズ等、六冊の詩集を出した。国内では唯一の韓国語翻訳本である「野茨の尖りし棘に降る雪は刺されまいとてそっと積もれり－戸妍戀歌」は二〇〇二年に出版された。

チョ・ジョンド記者

孫戸妍の平和の短歌を詠む日韓頂上会談 － 青瓦臺 2005 6 20

中西進先生　講演

李承信の一行詩の力

東京出版記念会

李承信さんのご活躍ぶりを拝見いたしました。国際的に素晴らしい活躍をしてらっしゃいますね。私はこれで決まりだと思ったことがございます。今年のノーベル平和賞は李承信さんに決まりということです。賛成の方は拍手をしていただいて。ありがとうございます。ノーベル賞審査委員会にも伝えてください。外交官の方々がたくさんいらっしゃいますので、そうしていただけると嬉しく思います。

さて、私は李承信さんをお話をする前にお母様の孫戸妍さんの話をしておかなければ順序が

東京プレスセンター　2013　3　7

たたないと思っております。じつはずいぶん前でございますけれども、私の勤めておりました大学に一人の女性が紹介状をもっていらっしゃいました。その方のお名前が孫戸妍さんであったわけでありました。

孫さんの、そのときの印象、あるいはうかがうことができるご熱意、そしてまた、短歌を作っていらっしゃるということに大変私は驚き、感銘を受けました。

いま、こうして承信さんが日本で短歌を披露なさるのみならず、韓国でもこういうことをやっていらっしゃるということを聞いて、私は感多々なるものがございました。当時孫戸妍さんは、短歌の字も口にしてはいけない、人から後ろ指をさされ、非難される、そういう中で終始黙って、一人で短歌をつくっていたとおっしゃってましたので。

ところが、いまでは日本でも韓国でも、その他のところでも盛んにこんなふうに、承信さんの短歌活動が公に認められている、これはやっぱりなんだかんだと申しましても、やはりここには平和への足音が少しずつ聞こえているのだと、確かにそう感じた次第でございます。かつて聞きましたようなことは今想像だにできません。

それでは、その夢を実現した人は誰だれであったのかというときにですね、やはり孫戸妍さんの力は非常に大きいと私は思うのであります。韓国で試練を受けられながら、終始こつこつと短歌を作り続けました。その短歌の一首を訪韓した小泉総理が朗詠なさいまいた。これは小泉総理がその短歌に両国の架け橋になってほしいという願いを託したということです。

それから孫戸妍さんはさらに有名な詩人になりまして、つまり有名な詩人になったということはその詩がみなさんに認知されたということであります。その詩がまさにさっき映りました「諍いのなき国と国なれ」というものであります。

ここはこう直したほうがいいよとかですね、ここはこういうふうな字を書いたらいいよとかアドバイスしたこともあります。

孫戸妍さんは子供のように私の言うことを聞いてくださいましたので、頭では子どものようだと考えていたんですが、呼ぶときはオモニ、オモニと呼んでいたんですね。孫さんは非常に不機嫌な顔をなさるんですねそのたびに。後でわかりましたところ、私と戸妍さんでは三つしか年がちがわなかったんです。私にとってはオモニという感じでした。ほんとうに気の細かい気遣いをされる方で、愛情たっぷりの方でありました。

しかも、その愛情というものは強さに裏付けられておりました。

戸妍さんは日本生まれなんですね。おとうさんが早稲田大学に留学なさっていた。そのときに江戸川区に生まれたものですから孫戸妍、戸妍には江戸川の『戸』という字が書いてあるんです。孫戸妍さんの『妍』は美しい女性という意味ですよね。ですから江戸川で生まれた美しい女性、その娘さんが李承信さんということです。その美しさも二代続けて受け継いでいらっしゃいます。私がその証人となることを嬉しく存じます。

孫戸妍さんの、李家の美人姉妹というのは有名でして、4人お嬢さんがいらっしゃる、男性がお一人ですね。だから5人だと思いますけれども、その4人の姉妹、3人には何度かお会いしたんですが、末っ子の方はお会いしたことがないんです。私が知っているのは三姉妹なんですが、私の知っているこの李家の三姉妹というのは中国の宋家の姉妹というのがありますでしょう、宋靄齢、宋慶齢、宋美齢という、あれに相当する韓国版だなあと私は思っています。靄齢がいいとか、慶齢がいいとか、美齢がいいとかいろいろとありますけれども、李家においてもですね、ご長女の承信さんがいいとか、いや、今ちょっと忘れてしまいましたが、三番目がいいだとか人気投票したらいろいろになる。

我が家では妻を含めまして、一番美しいのは承信さんだということになっております。

さて、戸妍さんの強さが何かといったら、彼女は東京留学後に韓国に帰国し韓国で先生をしていらっしゃるときに終戦にあったわけですが、その後でも彼女が自身の心を表現するのは日本語だったんですね。しかもそれが短歌という詩形であったわけです。

時代が変われば表現形式を変えてもいいじゃないか、とそういうのは他人事でございまして、本人のやはり肉体に染み付いた言語というものは変らない。しかも心の表現のパターンというものは変らないと私は思います。自ら選んだ短歌という表現形式です。それは日本に義理があったとかいうものではないのです。

その形式が、時代がこう変ったから、今の国情はこうだから変えようというのはですね、自己にとって偽りになりますね。自分を偽ることになります。自分を偽らないということの強さ、これが孫戸妍さんの強さだと私は思います。

そのようにして孫戸妍さんは短歌を通して生涯自分の心の悲しみ、喜び、それを表し続けました。六冊の無窮花という歌集のうち、第四巻と第五巻に私が後書きを書きました。李承信さんのも一冊書きました。そのように、生涯、終始孫戸妍さんの短歌とお付き合いいたしました。じつに素晴らしい歌なんです。

たとえば雪をお詠みになる。雪が何が素晴らしいかといえば、雪は小さな壷の上にも積もる、それから漬物をしたキムチの樽、甕、その上にも積もる、しかもすべて同じ高さで積もるというんですね。雪が持っている性質というものは平等という精神だということを短歌で語るんですね。そういう人です。ですから争いがないという歌が名歌として残っているわけです。

冬、雪を見ながら孫さんの歌を私は思い出すんですね、雪はみんな同じ高さに積もるということを思いながら。

そのようなお母さんがあってこそ、詩人李承信さんがいらっしゃることは紛れもない、疑いもない、本人が違うといっても違わないよといわなければいけないと思っています。本人は違うとはおっしゃらないことには私確信がありますけれども。

話を承信さんの方に移しますと、承信さんの素晴らしさはお母様を慕い続けていることなんです。それがまた非常に美しい。当然さきほど申しましたような短歌じゃないことのリスクは負うわけですね。

それを負いながらお母様を慕っている。承信さんは長いことワシントンとニューヨークに暮らしていらっしゃいました。外国生活が長かったということはお母さんと離れて暮らしていた期間も長かったということです。

とにかくお嬢さんたちはみな才媛なんですよ。その承信さんが全身全霊をこめてお母様の事業を引き継いでいる。その歌が人々に広まるように、そしてまた、いかにおかあさんが平和への祈願をもっていらしかたということを常に語り続けていらっしゃる。それを語る一つの器が短歌であるということになるわけです。

そこに震災を契機として、承信さんの人類愛がふきあがりました。承信さんが三。一一に霊感を得たというお歌を拝見しました。後書きにも書いたことですけど、とても驚いたことがございます。それは何かといいますと、日本人のことを「君」と呼んでいることです。

「君」とは日本の古い言葉遣いでいいますと君というのは恋人なんですね。ちょっと身分の上の恋人が君なんです。それほどに親しみを込めて、尊敬を込めて「君」という言葉を使っているんです。

君思う真情を込めし一行詩　慰めとなれ癒しとなれと

「君」と「君」を思う真実の気持ち、それを込めた一行詩であるというんですね。その「君」とは何かといったら日本人、被災した日本人たち、その人たちにささげる一行詩、それが癒しとなってほしいということです。

広く考えますと、この中にはお母様の詩の精神が込められており、母の悲願であった「諍いのない国々の」を承信さんが心から願っていることがわかります。

この場合、その心を韓国語で表現し、それを日本語に翻訳していらっしゃるわけですが、私はいつも承信さんにお願いしているんです。日本語でも短歌をおつくりになりなさいよと。これは不可能ではないと思うんです。そうなればなおのことといい。

韓国語の詩はもっといい内容、もっといい短歌かもしれません。それこそが真実の韓国だということもあるわけですね。私は韓国語わかりませんから、翻訳でしか内容をとれないわけですので、非常に残念です。ですからそういう点はぜひともお母様と同じように短歌でおつくりになってほしい。

ただささほど申しましたようにお母様は日本語の中で表現する心を養っておられました。承信さんは韓国語かないしは英語かもしれません。なんでもいいんです。英語でこういう短詩を書いた優れた俳句作家がおります。素晴らしいアメリカ人の黒人作家ですが、そういう人もいます。

短詩形というのはどこでも共通な性格をもっております。

国民のベーシックな気持ちを表す詩形なんですね。アイルランドにはリメリックという国民詩があります。台湾には民歌があります。国民詩を持たない民族はないですね。どこにも。韓国にも詩調というものがあります。

リメリック、民歌、詩調、何でもいいんですが、そういうもので表現するときに、ほんとうの民族の気持ちというものが出てくるわけですね。そういうものこそがわれわれにとってとても大事なことではないでしょうか。

さきほど大使もおっしゃっていましたが、現在、韓国と日本をめぐり、いささか両国の間に違和感がある。それは否めないところです。これをどうしたらいいのかということです。ご存知のとおり争点は何かというと、土地を争っているわけですね。土地というのは生産のもとであります、生産力があればそれが国家の富になります。ですから国土というものに関する関心はやはり大事だと思います。

しかし、その国土はどこの国と枠組みをしようとも生産量は同じ、変らないんです。どこの国の土地だろうと、その土地の持っている生産力は変りません。ですからそれほど大事なものかといったら、ほとんど大事ではない、と私は思うんです。それではなにがもっと大事なことかといったら、今申し上げたような話題です。

心の枠組みというものを持てばですね、世界中に自由な枠組みがいっぱい出来上がるわけです。土地やら国境やらという枠組みではない、心による枠組み、そういうもののほうがむしろ大事ではないかと思います。

実はかつて日本の歴史もそういうことをいたしました。

日本はかつて任那というところに執着しまして、任那に戦争をしかけていた新羅という国をやっつけるために二万五千の軍隊を送りました。ところが戦争が続き、将軍を任命しても嫌だといって帰ってしまうような厭世気分がただよい始めました。これではこれ以上戦争を続けることは意味がない、もう戦争はやめようと考えた偉大な政治家が6世紀、7世紀のはじめにいました。その時の摂政の名前が聖徳太子という人なんですね。新羅との戦争はやめようと、一切やめまして、その翌年に和をもって尊しとなすという憲法を発行しまして、その翌年には目を隋に移しました。

当時中国は隋という国でした。日本は新羅との関係の中で国際関係をもつのではなく、もっと大きな隋と関係をもとうとしました。そこで文化交流をしました。結果、さまざまな文化が入ってきました。聖徳太子自身がそれを拡大させました。国土の領土の枠組みというものを捨ててですね、文化の枠組みをつくることで発展したわけですね。そういうふうな歴史がかつてございます。これこそがこれからの外交の一番のあるいはたった一つの要ではないかと私は思います。即ち、心の枠組み、知の枠組み、そういうものをこれからの国々はお互いの了解の中で心から願っていかなければいけない。

そのような難事業を親子二代にわたってやってらっしゃるのが、まさに李承信さんだと私は思ってまいりました。短歌はひとつの器にすぎません。より重要なのはその器にもるべき心の深さです。文化とは高さです。心を文化をもることによってアジアの平和、あるいは地球の平和というものが訪れてくるのです。

日本は海洋国です。大陸国ではないのです。ですから大地に執着すること自体が間違ってるんです。それは壬申倭乱のときもそうです。大地にこだわった。海にこだわるべきなんですね。イギリスがそうであります。海洋国のイギリスはそうです。大地なんかにはこだわらない。フランスからは田舎ものだと揶揄されても気にしません。

　そういう国家経営というものをなぜしないのか。私は残念でなりません。私たちは知の関係、文化の関係というものをより大切なものとしていかなければなりません。

　その難事業の架け橋の役目を先立ってなさっている李承信さんに贈らなければならないものは何だったでしょうか。

　そう、ノーベル平和賞ですね。

出版記念会を尽くした後-東京プレスセンター

なぜ,京都なのか

왜 교토인가

Why Kyoto

發　行 : 2022年 11月
著　者 : 李承信 詩人 孫戸妍短歌研究所理事長
飜譯者: 成川彩 渡邉美香
發行所 : 시가 詩家 Poets House
韓國 ソウル特別市 鍾路區 弼雲大路 17
17 Pirundaero Jongno-gu Seoul Korea 03039
電　話 : +82-2-722-1999

email sonhoyunim@hanmail.net
www.leesunshine.com

ISBN 979-11-962613-2-0(03800)

定 價 :　2300円
　　　　25000원